U0142992

研究&方法

個案研究 設計與方法

Case Study Research Design and Methods (Third Edition)

中文二版

•Robert K. Yin 著•周海濤、李永賢、張蘅 譯•楊雪倫 校訂

SAGE Publications, Inc.

五南圖書出版公司 印行

序

　　很榮幸能為這本著作作序。本書簡要介紹了一種有效的研究方法，該方法將使研究者能夠以有別於實驗研究的方法，達成與實驗法同樣具有科學性的研究目標。

　　我越來越信服，科學研究方法的核心並不是實驗本身，而是「似是而非的競爭性假設」一語所蘊含的研究思路。該思路可以以「展現證據」作為解決問題的起點，也可以以「提出假設」作為研究的開始。而且，該思路並不是以實證主義者（或後實證主義者）那種漠視前後關聯的方式展現假設或證據，而是在複雜的、廣泛的，但對科學研究至關重要的前後關聯中提出假設和呈現證據。

　　該研究方法包括提出相關證據的明確假設，並分析該假設與其證據有多少一致性。該方法還包括尋求外在有關主要證據的競爭性解釋的說服力。隨著競爭性假設的減少，其說服力通常會下降。所謂競爭性假設，就是從其他證據中尋找其所蘊含的另類關聯，並檢視其合理性。這兩種方法從本質上來說，可能都是永遠無法窮盡的。研究者要展開多少次的探索，取決於研究者的時間及期望達到的嚴謹程度。透過這種方法，研究者能夠在基礎性證據不足的情況下，照樣達成一致意見，並完成研究任務。然而，這種成熟的科學研究方法卻被邏輯實證主義者所忽視，在社會科學研究方面（無論是質性研究還是量化研究）的應用也不夠廣泛。

　　這種對競爭性假設進行去蕪存菁的研究方法，具有人類學研究求真、求實的特點，體現在解釋學家施萊爾馬赫、狄爾泰、赫斯特、哈貝馬斯（*Schleiermacher, Dilthey, Hirst, & Habermas*）以及當代學者對古代文體的闡釋中。同樣地，你也能從歷史學家對某一特定事件進行猜測、自然科學家對某一因果法則進行判斷中，看到該方法的應用。但遺憾的是，社會科學領域正在用解釋學的名義，放棄了目的之合法性，放棄了爭論。因此，除了 Robert K. Yin 所介紹的量化準實驗性的個案研究方法之外，社會科學家還應該學會人文學者追求真實性的個案研究方法，該方法不用量化的證據，以及顯著性測試，但同樣能夠說明問題，得出科學結論。

　　就競爭性假設類型來說，可供社會科學家仿效的範例有兩種。基於所受的教育，我們很容易就會聯想到農科試驗、心理試驗、醫療與藥物試驗，及統計學家的數學模型等採用的隨機性實驗模式。採取隨機性實驗的主旨在於控制無限多的、不清楚是什麼的競爭性假設。隨機實驗永遠無法完全控制這些競爭性假設，但會把它們的影響，控制在統計模型所估計水準的範圍之內。

　　另一種範式，也是較陳舊的範式，可溯源於物理學實驗室。該範式以隔離及控制為特點：絕緣的、鉛皮遮蔽的牆，受到控制的氣壓、溫度、濕度，抽成真空等等。這種研究範式只控制相對較少的變量，檢視相對較少的競爭性假設。雖然控制永遠達不到精確的程度，但研究者會設法把它們控制在一定的範圍內。至於控制哪一個變量，取決於研究者當時著重排除哪一項因素。之後，研究者回過頭來，反思一下，找出哪幾項變量應

該受到控制。

本書所介紹的個案研究法，按一般的說法，即「準實驗法」，與第二種方式更為相似，因為每一個競爭性假設都要明確界定，且受到嚴格控制。由於對競爭性假設的數量受到限制，研究者所從事的實驗室之外的研究，所要達到的嚴謹性和一致性程度通常都不夠高。不可複製性（以及無法變換方式去排除特定的競爭性假設）是問題的一部分。我們應該盡其所能地採用單一事件個案研究（該事件不可被重複），並且把握機會，有意識地進行可以重複的個案研究。

鑑於 Robert K. Yin 的經歷（實驗心理學博士，著有十幾本該領域的著作），他對個案研究法之科學性的堅持就不難理解了。此類學歷及職業選擇通常伴隨著對非實驗室試驗法的模糊性排斥。我相信殷先生的轉變，源自於他在實驗室中研究最難於精確化的刺激的那段經歷，也就是「人的表情研究」，以及其關於模式和脈絡在研究中的作用的認識。

這一可貴的經歷並沒有使 Robert K. Yin 囿於經典社會科學個案研究，反而使他逐漸成為非實驗室社會科學研究方法論方面的一個先驅。就我個人所知，目前尚不存在堪與本書相比的著作。這本書解決了一個長期困擾社會科學家們的問題，我相信這本書將成為社會科學研究方法論學科中的標準教材。

Donald T. Campbell
Bethelem, Pennslvania

前言

　　長久以來，案例研究法被認為（並將繼續被認為）是社會科學研究方法中最不具科學性、最不可靠的方法。那些採用個案研究法的學者，往往被貶抑為自甘降低學術自律精神。同樣地，個案研究的成果也被污名化為缺少精確性（即量化分析）、客觀性及嚴謹性。有關個案研究的這種陳腔濫調肇始於二十世紀，但是到了二十一世紀仍會存在。隨著計算機量化分析技術在社會科學研究領域飛速地發展，以及計算機輔助電話訪談、臨床或社會實驗和結構方程模式、等級線性模型等分析技術的逐漸成熟，對個案研究法的老套說法也愈益流行。

　　我很希望能夠描繪出另一幅圖景。但是，有關個案研究的陳腔濫調確實存在。我的告誡很簡單，那就是：做你的個案研究，但做好心理準備，你的方法將受到理性的檢驗和非理性的質疑，你的研究結論也許並不會受到充分的賞識。

　　但與此同時，你心裡不必有任何忐忑不安。儘管存在有關個案研究的種種說法，但事實證明，個案研究仍被廣泛用於社會科學領域，包括傳統學科（心理學、社會學、政治學、人類學、史學及經濟學）和面向實踐的學科領域，例如城市規劃、公共管理、公共政策、管理科學、社會救濟及教育等等。上述這些學科領域中的論文和專題研究，採用了個案研究法。甚至，在通常被認為必須採用實驗或調查技術的評估學領域，也越來越多地採用個案研究法。以上這些事實，必然引出一個悖論：

既然個案研究法帶有嚴重缺陷，為什麼這麼多的研究者仍然要採用它呢？

第一種假設是，這些學者不知道有其他更好的方法，或者他們研究能力不足，不會使用其他研究方法。然而，只要稍微了解一下本書中引述的個案研究實例，你就會發現，採用個案研究法的學者，都不是凡夫俗子，其中一些甚至是他們學科領域中的泰山北斗。

第二種假設（這種假設的可能性不大）是，美國聯邦政府的相關機構太過官僚主義，其對調查量表的審查程序過於嚴苛，致使調查技術變得滯礙難行，學者們在無奈之餘，不得不退而求其次採取個案研究法。但現實情況是，聯邦政府資助的研究並未壟斷整個社會科學研究領域，更未壟斷歐洲或其他國家的社會科學研究。這一說法，也不能解釋社會科學研究中為什麼會用到其他研究模式。何況，聯邦政府近年來已經把個案研究納入資助範圍之內，這又如何解釋？

本書提供了與前兩種說法截然不同的第三種假設——那些有關個案研究的陳腔濫調都是錯誤的！根據本書的研究，各種跡象都表明，我們誤解了個案研究法的長處與不足。要正確理解個案研究的長處與不足，需要有新的視角。本書即從「作為教學工具個案研究」、「人類學與參與者觀察」、「質性分析方法」三個新的角度切入，對個案研究進行透澈的分析。但個案研究並不僅限於這三方面，它的精神貫穿於研究的各個環節，包括確定問題、設計方案、蒐集數據、分析數據、撰寫報告等，這些都是本書所要研究的內容。

本書的目標，是給那些準備採用個案研究法進行學術研究

的學生和學者提供某種指導。可以毫不誇張地說，本書有幾個獨到之處。首先，它詳細介紹了個案研究法。其他著作可能只介紹了個案研究法的某些方面，但本書可以被看作（實際上已經被看作）是個案研究的工作流程說明書。第二，與其他著作相比，本書更詳細地介紹了個案研究的方案設計與證據分析，而較少闡述蒐集數據的過程。目前，有關個案研究的著作中，方案設計與證據分析常常被忽視，結果給那些採用個案研究法的學者造成了很大困難。第三，本書所引述的個案研究實例涵蓋了許多學科領域，能夠啟發各種學科領域的學者。最後，本書與眾不同之處還在於，它已初步通過了時間的考驗。本書的第一版（1984 年）重印了八次，修訂版（1989 年）重印了十五次，第二版（1994）又被重印了十四次。

本書中所體現的理念，肇始於麻省理工學院（MIT）及美洲大學（American University）的個案研究方法教程、丹麥奧爾胡斯商學院（Aarhus School of Business）主辦的年度專題會議，以及本人採用個案研究法初涉政策研究時的心得體會。然而，本書中所有理念的成熟以至最後成書，則得益於本人在 COSMOS 公司主持的無數研究課題（從 1980 年至今），這一經歷給我提供了無數的機會（如果不是挑戰的話），使我能夠不斷修正結論並與別人分享經驗。本書所引述的許多個案研究實例，都來自於 COSMOS 公司已經完成的研究課題（更多正在進行的研究項目也將納入本書）。

在本書第一版出版之前，兩位匿名評審者對書稿提出過寶貴的意見。在本書第三版出版之前，同樣有兩位匿名評審者對本書提供了詳細而極富建設性意義的建議。本書的所有

四個版本（*1984*、*1989*、*1994* 年版及本版）都直接得益於叢書編輯 Leonard Bickman、Debra Rog 長期精心的呵護，以及 Sage-Barbara Broka（*1984* 年版）、C. Deborah Laughton（*1994* 年版）Gillian Dickens（本版）等敬業的編輯團隊的辛勤努力。他們的關愛、鼓勵、幫助與期待，使筆者無法輟筆偷懶，必欲成書始可心安。但是，同前幾個版本一樣，因此書而引起的所有文責自負。

　　當然，任何人對於個案研究方法，甚至所有社會科學研究方法所產生的任何頓悟，其實都有其更深的思想淵源。我的思想火花萌芽於大學時，所受的歷史學教育和研究生階段所受的實驗心理學教育。歷史和史學使我初步認識到方法論在社會科學中的重要作用。筆者在麻省理工學院所受的實驗心理學教育則使我明白：只有在理論的指導下，合乎邏輯的實證研究才能取得科學上的進展；相反地，如果把實證研究僅僅當成機械性的資料蒐集過程，那麼研究就不可能取得任何突破。這些心得後來都成為個案研究中一以貫之的基本原則。因此，我想把此書獻給那位在麻省理工學院的老師。是他把上述思想傳遞給我，也正是在他的指導下，我完成了一篇關於臉部識別的學術論文。即使他現在仍然健在，我想他也很難發現過去之我與現在之我的相似之處。

關於第三版的補充說明

　　本書第三版加入了許多有關個案研究的新案例（第二版大約 25% 的個案都被替換了，原有個案中的大量數據也都得以及

時更新），同時也加入了其他研究方法領域的新發展，譬如隨機
現場試驗（第1章）、計算機輔助編碼技術（第5章）等。在修
訂過程中遇到的一個挑戰是，在保留原有個案研究案例（以防
年輕一代學者永遠遺忘前人曾做過的探索）的同時，納入近年
出現的新個案。這兩者的關係就好比樹根與樹幹，如何取捨，
實在難以決斷。本書第三版很希望能夠同時容納原有個案和新
個案。

　　然而，比個案更新、更具意義的，是個案研究法在各個層
面上出現的新進展。很多學者對於本書之前的版本進行了評論，
本版對那些評論做出了回應，這些回應大部分集中在第2章和
第5章。顯然，第2章和第5章曾給那些採用個案研究法的研
究者提供了很好的幫助，而且仍將提供更多的幫助。第2章詳
細闡述了多個案研究相對於單個案研究的優勢所在，尤其是雙
個案個案研究法的作用與價值。本書第5章詳細闡述了五種分
析技術，專門討論了邏輯模型分析技術的應用，並刪除了一些
較不重要的分析模型。有關「個案篩選」（第3章）及「作為多
技術分析一部分的個案研究」（第6章）的探討都表明，個案研
究法不僅可以被更新，而且可以被改進。在改進過程中，又遇
到了第二個挑戰——在介紹研究方法時，既不能太過簡單、太
過概括，也不能太過高深、晦澀難懂，本書既要為案例研究的
初學者提供科學的指導，也要為那些精於此道的專家提供有益
的幫助。

　　本書的姊妹作《個案研究方法的應用》（2003年修訂版，重
慶大學出版社出版）中，有許多個案研究的實例，也在本書中
被引用。《個案研究方法的應用》能夠滿足另一種需求——在教

給他們個案研究法的同時，讓讀者接觸個案研究的實例，增加他們的感性認識──這種需要已經持續了很多年。借助本書中的註釋，可以找到《個案研究方法的應用》中的相關章節。這樣一來，個案研究的基本原則（本書）與實踐措施（《個案研究方法的應用》）就緊密地聯繫在一起。儘管有這麼多的更新和修訂，本書的章節安排與第二版大體相同。這種穩定性和連續性（並不是思想貧乏或惰性）是有益的！因為它可以凸顯個案研究法的基本內容。

在整個修訂過程中，本人仔細地審訂了原文的每一個詞彙，試圖優化每一個語句的句子結構和詞語用法。考慮到美國語言的進化、發展，這種修訂是永無止境的，例如「個人電腦」代替了「微電腦」。儘管本書的內容豐富，但我希望每個讀者都能很輕易地讀懂它。

在結束這篇序言之前，我要向那些在過去二十年中，曾經讀過這本書的朋友們表示感謝。有關這本書的諸多評論都表明，不管多麼地艱難和緩慢，個案研究技術沒有停滯不前，而是不斷地走向成熟。而且，有越來越多的學者理解（如果不是運用）了這一研究方法。在 1984 年，個案研究法僅僅是社會科學研究方法中一個專業性極強、且不廣為人知，但現在一切都改變了。社會科學領域的學者，不管是否從事過個案研究，現在大都或多或少地了解這一研究方法，或者越來越多地結合其他研究方法使用個案研究法，這一發展趨勢也將逐漸明顯。再一次感謝與此書有關的所有朋友們。

目　錄

第一章

導　論

作為一種研究思路的個案研究

對於絕大多數的社會科學家來說，運用個案研究法進行學術探索是一種高難度的挑戰。不管你是資深的社會科學家，還是初入此道的後起之秀，本書的目標是要幫助你面對這些挑戰。你的目的是設計周密的研究方案，客觀地蒐集、呈現並分析資料；更深層的目的，則是在完成研究之後，寫出具有說服力的報告或著作。

作為一種研究方法，個案研究可以被用於許多領域。個案分析可以使我們增進對於個人、組織、機構、社會、政治及其他相關領域的了解。毫無疑問，個案研究已經成為心理學、社會學、政治學、社會救濟（*Gilgun, 1994*）、商業（*Ghauri & Gronhaug, 2002*）及社區規劃方面的常用工具。個案研究甚至還被用於經濟學領域，在研究某一產業的產業結構或某行政區域的經濟狀況時，都可能用到個案研究法。之所以會採用個案研究法，是因為它能夠幫助人們全面了解複雜的社會現象。總而言之，個案研究可以使研究者原汁原味地保留現實生活中有意義的特徵，如個人生命週期、組織管理過程、社區變化、國際關係以及某個產業的發展過程等等。

本書闡述了個案研究的特別之處；幫助你處理一些比較有難度的問題，這些問題在現有的其他著作中並未被提及。至今筆者還常常被學生或同仁問到：(1)如何選擇需要研究的個案？(2)如何確定需要蒐集的相關資料？(3)蒐集完相關的資料後，如何對這些資料進行處理？本書不但

回答了上述問題，而且涵蓋了包括方案設計、資料蒐集、證據分析、報告撰寫在內的所有環節。

　　然而，本書並不準備涵蓋個案研究的所有用途。本書並不想給那些把個案研究用作教學手段的人提供幫助。個案研究曾是法律、商業、醫學及公共政策領域中常用的教學方式（參見*Llewellyn, 1948; Stein, 1952; Towl, 1969; Windsor & Greanias, 1983*），現在幾乎所有的學科領域都常常用到這種教學方法。用於教學目的時，個案研究並不需要完整或準確地再現實際事件；相反地，它只需建構供學生研討、辯論的框架。評判用於教學的個案研究（通常是單個案研究，一般不會涉及多個案研究）是否成功的標準，與作為研究工具的個案研究判別標準相差很大（*Caulley & Dowdy, 1987*）。教學用的個案研究不須考慮研究過程的嚴謹性，也不考慮忠實地呈現實證資料，但作為研究方法的個案研究，對此則有極其嚴格的要求。

　　同樣地，本書也並不準備探討用於行為記錄的個案研究。醫療病歷、社會救濟檔案及其他形式的檔案，常被用於治療、司法審判或社會救濟。這種用於實務操作的個案研究與用作研究工具的個案研究的標準也是截然不同的。

　　相反地，本書的基本假設是：個案研究已經逐漸成為一種研究工具（如*Hamel, 1992; Perry & Kraemer, 1986*）；你是一個社會科學工作者，想知道如何設計和操作單個案研究或多個案研究，藉此來探索某一研究課題。你也許正在進行個案研究，有可能個案研究僅僅是你同時使用的幾種研究方法（參見第6章）中的一小部分。總之，本書重點在

探討個案研究的方案設計與證據分析過程，對蒐集資料則較少論述。從這個意義上說，本書填補了社會科學研究方法領域中的一個空白，因為社會科學領域長久以來被有關「田野調查」、「現場調查研究」之類的著作所壟斷，最近又被「質性分析方法」之類的著作所主導，但這些著作根本無法幫助你如何開始個案研究、如何分析資料，也無法幫你處理撰寫研究報告時遇到的難題。

個案研究與社會科學領域中其他研究方法的比較

你在什麼情況下會使用到個案研究？為什麼採用個案研究？為什麼你沒有考慮採用實驗研究法，或者是調查法、歷史分析法？為什麼你不在電腦的輔助下分析檔案材料，就像分析經濟趨勢或學生檔案一樣？

上述方法分別代表著不同的研究思路。每種研究思路都有其特定的蒐集與分析資料的特定方法，都要遵循特定的邏輯，也都有其長處與不足。為了能夠使個案研究發揮最大作用，你必須準確了解各種研究方法之間的異同。本書僅探討這些研究方法在社會科學領域中的運用，並不探討、評價這些研究方法（如實驗法）在物理學、天文學等領域中的運用。

一種常常出現的錯誤認知，是認為各種研究思路都有其等級性。到目前為止，還有很多社會科學家深信個案研究只適用於研究活動的探索階段，調查法和歷史分析法適

合於描述階段，而實驗法則是解釋事物間因果關係的唯一手段（如Shavelson & Townes, 2002）。這種等級觀念又反過來強化了這種印象：個案研究法充其量不過是一種初級研究方法，不適用於描述或者驗證某一命題。

然而，這種等級觀念其實是很值得懷疑的。用實驗法來處理探索性問題的做法早已存在，而在某些亞學科（subfield）領域，如史料編纂中，對因果關係進行解釋也常常是歷史學家的思考方向。一些最經典的、著名的個案研究，既是解釋性的〔如《決策的本質：古巴導彈危機的解釋》（*Essence of Decision: Explaining the Cuban Missile Crisis*）（*Allison & Zelikow, 1999*），簡介見專欄1〕，同時也是描述性的〔如，威廉‧懷特（*William F. Whyte, 1943/1955*）的《街角社會》（*Street Corner Society*），簡介見專欄2）。其他一些解釋性個案研究的實例在本書的姊妹作《個案研究方法的應用》（*Applications of Case Study Research*）（*Yin, 2003*）一書中第4章、第5章、第6章及第7章，有詳細的介紹。同樣，在該書的第2章、第3章中詳細記載了兩個描述性個案研究的實例。

比較正確的看法應該是包容的、多元的。每種研究方法都可服務於三種目的：探索、描述或者解釋。既可以有探索性的個案研究、描述性的個案研究及解釋性的個案研究（*Yin, 1981a, 1981b*），也可以有探索性的實驗、描述性的實驗與解釋性的實驗。決定採用何種研究方法的依據，並不在於上述等級性，而是要弄清楚下面所要討論的三個條件。但要注意的是，對各種研究方法進行分類，並不意味

著各種研究方法之間有明確的界限；相反地，它們之間有著很多重疊、交叉之處。對各種研究方法進行對比分析的目的，就是避免出現吃力不討好的誤用；即在該用某研究方法的時候，卻採用了另一種不恰當的方法，導致事倍功半。

【專欄 1】最有名的解釋性單一個案研究法

　　三十多年來，格瑞漢姆·亞里森（*Graham Allison*）的《1962年古巴導彈危機》（*1962 Cuban Missile Crisis*）（1971年初版）一直是政治學領域中的暢銷書。這個著作採用單一個案研究的方法，分析了當年的古巴危機——在那次危機中，美蘇爭霸幾乎引起一次核毀滅。在該著作中，作者提出了三個相互衝突卻又相輔相成的理論，並以此解釋這個危機。這些理論認為蘇聯和美國都是以下列三種身分參與危機：(1)理性的參與者；(2)複雜的官僚體系；(3)政治利益驅動下的人群。亞里森比較了每一個因素的作用，解釋整個危機過程：為什麼蘇聯首先在古巴部署攻擊性（而不是防衛性）武器？為什麼美國對於導彈部署採取的反應是封鎖、禁運（而不是空襲或進攻古巴）？以及為什麼蘇聯最終撤回了導彈？

　　該個案說明單一個案研究不但具有描述與探索功能，而且還有解釋功能。其次，它說明個案研究不僅適用於廣闊的外交事務領域，而且可以推廣到複雜的政府管理領域中。這本著作的第二版（*Allison & Zelikow, 1999*）更詳細、有力地證明，單一個案研究可以成為解釋與歸納的重要基本方法。

【專欄2】 一個著名的描述性個案研究

　　數十年來，威廉‧懷特的《街角社會》一直是社會學領域中的必修教材。這本書也是描述性個案研究的經典之作。它按時間順序記錄了人與人之間發生的各種事件，描述一個前人未曾注意到的次文化，並發現一些重要現象——如低收入家庭中青少年的職業發展、他們為掙脫街區社會關係而做出的努力與受挫後的無助感。

　　這個研究一直保有很高的聲譽，儘管它的研究對象是一個距今已超過七十年歷史的街區（Cornerville），而且不過是個單一個案研究。這個著作的價值，在於它歸納出了個人奮鬥、團體結構與社區社會結構之間的關係。儘管接下來的研究者調查的是其他不同時間的不同社區，但在他們的著作中仍可以找到Cornerville街區的影子。

各種研究方法的前提要件

　　在決定採用某種研究方法之前，所必須考慮的三個條件是：(1)該研究所要回答的問題類型是什麼；(2)研究者對研究對象及事件的控制程度如何；(3)研究的重心是當前發生的事，或者是過去發生的事。表1-1列示了五種主要的研究方法（實驗、調查、檔案分析、歷史分析、個案研究）及其與這三個前提要件之間的關係。每個條件的重要性如下：

1.所要回答的問題類型（表1-1第1欄）

這是你要考慮的第一個條件（*Hedridk, Bickman, & Rog, 1993*）。所要回答的問題可以用「5W」表示，即「什麼人」（Who）、「什麼事」（What）、「在哪裡」（Where）、「怎麼樣」（How）、「為什麼」（Why）。

表1-1 不同研究方法的適用條件

研究方法	研究問題的類型	是否需要對研究過程進行控制	研究焦點是否集中在當前問題
實驗法	怎麼樣、為什麼	需要	是
調查法	什麼人、什麼事、在哪裡、有多少	不需要	是
檔案分析法	什麼人、什麼事、在哪裡、有多少	不需要	是／否
歷史分析法	怎麼樣、為什麼	不需要	否
個案研究法	怎麼樣、為什麼	不需要	是

資料來源：COSMOS 公司

「什麼事」的問題，實際上又可以分為兩類。第一類「什麼事」的問題是探索性的。如「研究這個成功的學校，可以學習到什麼經驗？」這個問題的目的，是提出可供進一步研究的合理假設與命題。這種研究當然是探索性研究。但是，前述五種研究方法（如探索性調查、探索性實驗、探索性個案研究等）都可以用來處理這種探索性問題。而「什麼事」問題的第二種類型，實際上可以被表述

成一連串「有多少」的問題。如「上次管理體制調整的後果是什麼？」對於這類問題，調查或者檔案研究的方法會更適合、更順手。如很容易設計一個調查問卷，從而獲得結果。但是，對於這類問題，用個案研究的方法，就會吃力不討好。

如同上述「什麼事」問題的第二種類型一樣，「什麼人」、「在哪裡」之類的問題（及由其衍生出來的問題——「多少個」）類似經濟學研究，較適合採用調查或檔案分析的研究方法。當研究的目的是描述某現象出現的範圍、程度或頻率，或者是預測其未來結果時，統計調查或檔案分析的研究方法就比較有優勢。研究當前流行政治思潮（在這種情況下，抽樣調查或民意調查是比較合理的方法）或愛滋病的擴散（在這種情況下，對病例發病情況進行統計分析是比較合理的方法）就是典型的例子。

相反地，「怎麼樣」和「為什麼」之類的問題更富有解釋性，適合處理這類問題的研究方法是個案研究法、歷史法和實驗法。這是因為這類問題需要按時間順序追溯相互關聯的各種事件，並找出它們之間的關聯，而不僅僅是研究它們出現的頻率和範圍。所以，如果要研究某個社區怎麼樣成功應對關閉一個軍事基地，即當地最大的就業管道所帶來的巨大衝擊（*Bradshaw, 1999*），你不太可能採用調查的方法，也不大可能去檢查檔案記錄，而可能會採用歷史分析法，或者個案研究法。同樣，如果想知道為什麼旁觀者在某種情況下未能及時主動報警，你最好設計並實施一系列實驗（*Latané & Darley, 1969*）。

　　讓我們再舉兩個例子。如果要研究「什麼人」成為了某次恐怖攻擊的受害者、恐怖攻擊造成了「多少」破壞，你可能會對當地居民進行調查、檢查當地的商業記錄（檔案分析），或者對受影響的地區進行全面性調查。相反地，如果想知道恐怖攻擊「為什麼」會出現，你就必須在進行訪談之外，蒐集更廣泛的文獻資料並分析其關聯性。如果要研究「為什麼」會出現多起恐怖活動，你也許需要設計一個或多個案研究。

　　同樣地，如果你想知道政府某一新措施的後果「是什麼」，那就必須根據這個措施的類型進行問卷調查，或者研究經濟資料。要回答「哪些人可以從中受惠」、「他們從中得到哪些好處」、「他們能受惠幾次」之類的問題，就不需要採用個案研究法。但是，如果你想知道這個新措施的實施情況「怎麼樣」，或者進展「為什麼」順利（或者不順利），那你就需要進行個案研究，或者進行現場實驗。

　　總之，決定採用何種研究方法的第一個條件、也是最重要的條件，就是弄清楚你的研究是要回答何種類型的問題。一般來說，「什麼事」之類的問題可能是探索性的（在這種情況下，可以採用任何一種研究方法），也可能是關於範圍、程度或頻率的（在這種情況下，統計調查或檔案分析會更適合）。「怎麼樣」和「為什麼」之類的問題，比較適合採用個案研究法、實驗法或者歷史分析法。

　　確定你所要研究的問題類型，也許是研究中最重要的一步，所以你一定不要匆忙上陣，而要留出充足的時間

進行更深入的分析。其關鍵是要明白，研究的問題既有其「實質」（如我的研究是什麼？），也有其「形式」（如我要回答的是：什麼人、什麼事、在哪裡、為什麼或者怎麼樣的問題）。有些人傾向於重點思考具有實質性的重要問題（*Campbell, Daft, & Hulin, 1982*）；而本書則認為，花些精力確定研究問題的形式很重要，它能夠幫助你選擇合適的研究方法。請記住，對於某些問題來說，各種研究方法可能都適用。在這種情況下，你就需要從多種研究方法中挑選出最合適的一種。最後請注意，你可能會在沒有考慮問題類型的情況下，就先入為主地偏好某種研究方法。如果出現這種情況，你一定要保證你採取的研究方法與你要回答的問題類型相配合。

2.對研究對象的控制範圍、程度（表1-1第2欄）及研究對象的時代性質（表1-1第3欄）

假設某個研究所要回答的問題類型是「怎麼樣」和「為什麼」，那麼，要確定採用歷史分析、個案研究或者實驗法中的哪一種方法，就需要進一步分析研究者對研究對象的控制範圍、程度，看其是否能接近研究對象所處的實際環境。當研究者無法控制、無法實際接觸研究對象時，歷史分析法是最適合的研究方法。歷史研究法最突出的特色，在於其可以用來研究已成為歷史的事件，也就是適用於沒有相關人員能向你報告或者回憶發生過什麼事的時候，以及研究者必須以原始資料、第二手資料，或者傳說、故事、歷史文物作為主要依據的時候。歷史分析法當

然可以用於研究當代發生的事件，在這種情況下，這種研究方法就很容易與個案研究混在一起了。

　　個案研究法適合用於研究發生在當代但無法對相關因素進行控制的事件。個案研究採用的方法與歷史分析法大致相同，但它比歷史學家多了兩種資料來源：直接觀察事件過程；對事件的參與者進行訪談。雖然個案研究與歷史分析有相同之處，但個案研究的長處在於，它與傳統的歷史研究法相比，獲得資料來源管道更多、更廣泛，即檔案、物證、訪談、觀察等。除此之外，在某些情況下，如透過參與性觀察（見第4章），個案研究法可以對研究對象進行某種程度的非正式控制。

　　最後，當研究者可以直接、精確、系統地控制事件過程時，才可以採用實驗的方法。實驗可以在實驗室環境中進行，研究者能集中研究一個或兩個獨立的變數（與研究範圍無關的其他變數，能夠被「控制」）；實驗也可以在實驗室之外的現實環境中進行，這被稱為「社會實驗」。在這種情況下，研究者給受試者施加不同的刺激，如給受試者不同的優惠購物券，觀察受試者在各種情況下的反應（*Boruch, 1993*）。實驗法與其他研究方法也有交叉之處。廣義的實驗研究，也包括實驗者不能控制實驗過程（*Blalock, 1961; Campbell & Stanley, 1966; Cook & Campbell, 1979*），但實驗設計仍然符合實驗的基本邏輯要求。這種情況通常被稱為「準實驗方法」。準實驗方法甚至可以用於歷史環境中，如研究種族暴亂和私刑的學者就曾採用準實驗方法（*Spilerman, 1971*），因為事件過程本來就具有不可控制性。

　　在評估性的研究領域，波魯茲和弗萊（*Boruch & Foley, 2000*）提出了有關準實驗方法這一隨機現場實驗，非常具有說服力的觀點。作者認為，現場實驗可以、而且已經用於綜合評估社區的開創精神。如果他們的研究方法具有可行性，那麼這種研究方法當然要比其他方法更優越，因為其實驗結果具有更大的確定性。然而，波魯茲和弗萊的不足之處在於，他們並未說明在下列情況下，隨機現場實驗難以執行（如果說不是完全不可行的話）。這些情境包括：

- 待評估的專案是透過競爭性的獎勵程式來設定對照組和控制組的（隨機現場實驗要求隨機設定對照組和控制組）；
- 用於與控制組相參照的對照組本身就具有控制組的某些重要特徵，或者是後來透過其他管道而具有這些重要特徵（隨機現場實驗通常假定控制組具有更明顯的特徵）；
- 控制組可能導致整個環境出現重大變化，即控制組所處的環境出現變化，控制組在總體中的相對位置出現偏移（隨機現場實驗假定，對照組與控制組都具有總體的所有特性，它們在總體中的位置是一樣的）；
- 對變數進行控制的機構或實體在實驗過程中出現變化，導致前後不一致（隨機現場實驗要求保持前後一致，直到實驗結束）；
- 控制組不願意或不能夠使用同樣的測量標準

或指標（實驗設計最終要求把來自控制組的
實驗資料與來自對照組的實驗資料進行比
較、分析，因此必須採取同樣的測量標準或
指標）。

如果存在以上任何一種情況，那就不能採用隨機現場
實驗，因此必須採取其他的替代方案。

⊙ 小結

應該明白，在某些情況下你可以使用所有的研究方法
（如進行探索性研究時）；在另外一些情況下，兩種研究
方法都同樣有吸引力。你當然也可以在一個研究中使用多
種研究方法（如在個案研究中用到調查法，或者在調查法
中用到個案研究）。在某種程度上，各種研究方法並未相
互排斥。但同時也應該明白，在有些情景中，某一特定的
研究方法明顯優於其他方法。以個案研究法來說，最適合
用於以下情況：

- 研究的問題類型是「怎麼樣」和「為什
  麼」，研究對象是目前正在發生的事件，研
  究者對於當前正在發生的事件不能控制或極
  少能控制。

確定哪些是最重要的問題、準確描述問題的形式，需
要研究者進行諸多前期準備。方法之一是檢索有關某課題
的既有研究文獻（*Cooper, 1984*）。請注意，文獻檢索是實
現目的的手段，而不是像某些人所認為的那樣，文獻檢索

本身就是目的。初學者也許認為，文獻檢索的目的是了解某一問題取得了哪些進展；而有經驗的研究者檢索先期研究成果的目的，則是對這個領域提出更深刻、更富於洞察力的新問題。

對個案研究的傳統偏見

儘管個案研究確實是一種與眾不同的實證研究方法，但許多研究者卻總是對個案研究極盡輕蔑之能事。換句話說，作為一種研究方法，個案研究一直被認為不如實驗法或調查法那樣令人滿意。這是為什麼？

對個案研究的最大質疑是認為個案研究法缺乏嚴密性：採用個案研究法的學者不是粗心，就是未按照系統性的程序進行研究，或者使用模稜兩可的論據或帶著偏見進行研究，導致研究結論失真。其他研究方法卻很少被質疑「缺乏嚴密性」，這可能是因為有關其他研究方法的教材大量存在，已經為研究者提供了詳細的說明，指導其按照特定的程序進行研究。相比之下，很少有方法論教材（除本書之外）詳細教導研究者如何設計完善的個案研究方案。

當然也有可能，人們混淆了教學性個案研究與研究性個案研究的不同處。在教學中，個案研究的材料是經過精心處理，以便更有效地突出某一關鍵之處（*Stein, 1952*）。在研究性個案研究中，這樣的行為是被嚴格禁止的。每一個從事個案研究的學者，都必須盡最大的努力，真實客

觀地記錄觀察到的資料，本書正是要幫他們達到這一點。常常被人們所遺忘的是，偏見也常常出現在實驗過程中（*Rosenthal, 1966*），或者出現在任何研究方法的某一環節中，如設計調查問卷時（*Sudman & Bradburn, 1982*），或者是在進行歷史分析時（*Gottschalk, 1968*）。研究中出現的問題並沒有什麼不同，只不過在個案研究中，這些問題出現的頻率更高、更難以克服罷了。

　　對於個案研究的第二個疑慮，是認為不能提供科學歸納的基礎。個案研究常常被問到的一個問題是：「你怎麼能單從一個個案歸納出這個結論？」要回答這個問題並不容易（*Kennedy, 1976*），但可以從其他研究方法中找到借鑑之處。實驗法也常常被質疑：「你怎麼能單從一個實驗中得出結論？」事實上，科學發現極少是基於一個實驗的，它們通常都是根據在不同條件下進行的一系列實驗而得來的。個案研究也可以採用類似的方法，設計多個案研究，使其能夠相互印證。這在第2章中有詳細的討論。因此，可以得出以下結論：個案研究法如同實驗法一樣，同樣可以透過歸納得出具有理論色彩的結論。從這個意義上說，個案研究法如同實驗法一樣，其研究主旨並不僅僅在於某一「樣本」。在進行個案研究時，你的目的是歸納出理論（分析歸納），而不是計算機率（統計歸納）。就像幾年前，三個著名社會科學家在他們所完成的單一個案研究中所言，個案研究的目標是「歸納」分析，而非「列舉」分析（*Lipset, Trow, & Coleman, 1956, pp. 419～420*）。

　　對個案研究的第三個抱怨，是個案研究需要投入太

多時間，而其研究結論的表現多為冗長繁瑣的文件。就過去所完成的個案研究來說，這種抱怨並不為過（如*Feagin, Orum, & Sjoberg, 1991*）。但這並不表示未來的個案研究，包括你的個案研究，也一定如此。本書的第6章詳細介紹了如何撰寫個案研究報告，其中傳授了如何避免進行傳統的、冗長的敘述。同樣，個案研究並不一定需要花費太長的時間。之所以出現這種誤解，可能是因為他們把個案研究與其他特定的資料蒐集過程，如人類學（*Fetterman, 1989*）或參與性觀察（*Jorgensen, 1989*）搞混淆了。人類學研究通常需要進行長時間的現場調查，仔細記錄觀察到的現象。參與性觀察需要投入的時間雖然不像人類學研究那麼長，但也需要投入相當多的精力。相比之下，個案研究作為一種研究方法，並不一定需要透過人類學觀察或參與性觀察蒐集資料。在研究某些課題時，你甚至不需要離開圖書館、電話或網際網路，僅憑所研究的課題就能完成一個高品質、高可信度的個案研究。

儘管上述這些常常出現的疑慮與不滿可以被減少，甚至消除，但以前的經驗告訴我們，要完成一個高品質的個案研究並不容易。問題的癥結在於，我們無法對研究者完成個案研究的能力進行篩選或測試。人們有辦法測試出某人是否適合演奏樂器；也能夠測試出某人是否達到某種程度的數學水準；或者透過考試了解某人是否適合擔任律師工作，但不知何故，學者們並未找出能夠判別某人是否具備個案研究所需要技能、技巧的測試方法。結果：

　　　　許多人自認為他們能夠設計出個案研究方
案，幾乎所有人都認為自己可以理解個案研究
方案。由於這兩種看法都是沒有根據的，結果
個案研究受到了許多不該受到的追捧（*Hoaglin,
Light, McPeek, Mosteller, & Stoto, 1982, p. 134*）。

這段話摘自五位傑出統計學家所寫的一本書。儘管他們來
自另外一個研究領域，但奇怪的是，他們同樣認知到從事
個案研究所要面臨的挑戰。

不同形式的個案研究，相同的定義

　　　　說到這裡，我們尚未對個案研究的定義進行正式的界
定，而且，一些有關個案研究常被問到的問題仍然懸而未
決。如當研究中包含不只一個個案時，它是否仍然稱為個
案研究？個案研究中是否排斥使用量化分析？個案研究能
否用於對某計畫、方案進行評估、評價？下面讓我們對個
案研究的定義進行界定，並回答上述問題。

個案研究作為研究方法的定義

　　　　個案研究最常見的定義，僅僅複述了個案研究所能適
用的問題類型。如某位研究者是如此定義個案研究的：

　　　　個案研究的本質，亦即各類個案研究的核
心意圖，在於展現出一個或一系列決策的過

程：為什麼做出這個決策？決策是怎樣執行
的？其結果如何？（*Schramm, 1971*）

這個定義把「決策」問題作為個案研究的核心內容。其他問題，
包括「個體」、「組織」、「過程」、「計畫」、「社區」、「制
度」，甚至「事件」等同樣會被引述。史塔克（*Stake*）也
採用同樣的方法界定個案研究。他認為個案研究「不是一
種對方法論的選擇，而是對研究對象的選擇」。此外，他
認為研究對象的功能必須具有特殊性（如一個人或一個班
級），而不能具有普遍性（如公共政策）。但是，僅僅引
述這些問題遠不足以界定個案研究的概念。

換句話說，大多數社會科學教材根本未把個案研究當
作正式的研究方法（1982年哈佛大學Hoaglin等五個統計
學家所著的一本書是個例外）。如前所述，他們常犯的錯
誤是把個案研究看作其他研究方法的前期探索階段。在這
些書中，探討個案研究方法的文字大約只有一、兩行。

另一種錯誤的定義，是把個案研究與人種學研究或參
與性觀察混淆在一起，結果造成在這些教材中，把個案研
究描述為人種學研究，或參與性觀察說成是一種資料蒐集
技術。許多有關方法論的標準教材（早期的例子，*Kidder &
Judd, 1986; Nachmias & Nachmias, 1992*）把田野調查當作資料蒐
集技術，因而未能對個案研究法做出更進一步的探討。

在一本有關美國的方法論思想的歷史回顧中，珍妮
佛・普拉特（*Jennifer Platt*）回顧了個案研究的發展過程，
並解釋為什麼會出現上述的錯誤認知。她發現個案研究法

起源於芝加哥大學社會學院所進行的生活史研究及生活環境調查，這就解釋了為什麼參與性觀察被當作資料蒐集技術，間接導致個案研究的定義懸而未決。最後，她分析了1984年本書的第一版，怎樣把個案研究法與參與性觀察（以及其他各種形式的現場調查）做出明確的區分。用她的話說，個案研究是「一整套設計研究方案必須遵循的邏輯」，是「只有當所要研究的問題與其環境相適應時才會使用的方法，而不是無論什麼環境下都要硬套的教條」（Platt, 1992a, p. 46）。

但這套「設計研究方案必須遵循的邏輯」到底是什麼？在本書第一版面世之前，筆者曾提出過個案研究定義的核心特徵（Yin, 1981a, 1981b），在此我將用兩種方法重新進行闡釋。首先，個案研究定義的核心精神在於其研究的範圍：

1.個案研究是一種實證研究

- 它在不脫離現實生活環境的情況下研究當前正在進行的現象；
- 待研究的現象與其所處環境背景之間的界限並不十分明顯。

換句話說，採用個案研究法是因為你相信事件的前後關聯，與研究對象之間存在高度關聯，特意要把事件的前後關聯納入研究範圍之內。為了說明個案研究與其他研究方法之不同，讓我們繼續闡釋這套設計研究方案的邏輯。

　　如實驗法刻意把現象從其前後關聯或背景中分割出來，把關注的焦點集中在少數幾個變數上（典型的做法，是在實驗室中對環境背景進行嚴格「控制」）。相比之下，歷史研究法要同時處理相互關聯的現象及其環境背景，但它所面對的通常都不是當前正在進行的事件。調查法可以同時考察現象及其前後關聯，但它對前後關聯的探討是極為有限的。如研究者在制定調查方案時，為了能回收到足夠的調查問卷（即不被受訪者拒絕），不得不拚命地限制變數的數量（亦即調查問卷中題目的數量）。

　　其次，由於現實生活中很難明確區分現象與背景條件，這就給界定個案研究帶來了難度。因此，我將從研究過程的其他環節，包括資料蒐集與資料分析等，對個案研究進行技術層面的界定。

2.個案研究法

- 處理有待研究的變數比資料點（data points）還要多的特殊情況，所以：
- 需要透過多種管道蒐集資料，並把所有資料匯合在一起進行交叉分析，因此：
- 需要事先提出理論假設，以指導資料蒐集及資料分析，減少研究工作量。

　　換言之，作為一種研究思路的個案研究包含了各種方法，涵蓋了設計的邏輯、資料蒐集技術，以及具體的資料分析手段。就這個意義來說，個案研究既不是資料蒐集技

術，又不僅限於設計研究方案本身（*Stoecker, 1991*），而是一種全面、綜合性的研究思路。本書的主要內容，就是闡述個案研究是如何界定，又是如何實施的。

其他個案研究法的特徵，對於界定個案研究並不具有關鍵影響。下面探討幾種不同的個案研究，同時回答一些常見問題。

作為研究方法的各種個案研究

個案研究是包括單個案研究和多個案研究。儘管在某些領域中（如政治學和公共管理學），學者試圖對這兩種方法進行明確的區分，如用個案比較法取代多個案研究（*Agranoff & Radin, 1991; George, 1979; Lijphart, 1975*），但單個案研究和多個案研究，實際上都是兩種不同形式的個案研究設計（詳見第2章）。

個案研究是使用量化證據，有時甚至全部都是量化證據。但實際上並不能根據證據資料是「質性的」或「量化的」來決定採用何種研究方法。某些實證研究（如心理學中關於概念的實驗）和問卷研究（如涉及類別而非數量的調查問卷）所依據的材料也都是質性資料，而非量化資料。同樣，在歷史研究中，也常常出現大量的量化證據。

因此，不能把個案研究與「質性研究」相混淆（*Denzin & Lincoln, 1994*）。一些質性研究遵循人種學研究方法，強調符合兩個條件：(1)研究者近距離、詳盡地觀察自然世界；(2)極力避免被任何事前設定的理論框架所束

縛（*Jacob, 1987, 1989; Lincoln & Guba, 1986; Stake, 1983; Van Maanen, Dabbs, & Faulkner, 1982, p. 16*）。然而，人種學研究並非全然表現為個案研究，也不是滿足以上兩個條件的個案研究。相反地，個案研究可以基於質性材料，也可以基於量化材料，或者同時採用質性材料和量化材料。除此之外，個案研究也並非總是把直接、詳細的觀察作為證據的來源。

值得注意的另一點是，有些研究者根據不同的哲學信念來區分質性研究和量化研究，而不是根據證據的類型來區分（*Guba & Lincoln, 1989; Lincoln, 1991; Sechrest, 1991; Smith & Heshusius, 1986*）。這種區分方法曾在評估學領域引起激烈地爭論。儘管一些人相信，這種哲學信念是不會屈服、不會妥協的，但持相反看法的人仍認為：不管你傾向於量化研究或是質性研究，這兩者之間在本質上有很大程度的相同處（*Yin, 1994b*）。

個案研究法在評估研究中也占有一席之地〔*Cronbach, et al., 1980; Guba & Lincoln, 1981; Patton, 1990; U. S. General Accounting Office*（美國會計總署），*1990*〕。個案研究至少有五種功能或用途，最重要的用途是解釋現實生活中各種因素之間所存在的關聯，這種關聯是如此複雜，以至於用實驗或調查都無法解釋。用評估學的術語來說，就是解釋某一方案的實施過程與方案實施效果之間的關係（*U. S. General Accounting Office, 1990*）。個案研究的第二種用途，是描述某一刺激及其所處的現實生活場景。個案研究的第三種用途，是以描述的形式，述說某評估活動中的一些主題。個案研究的第四種用途，是因果關係不夠明顯、因果關聯複雜多變時，

對其進行探索。個案研究的第五種用途，是進行後設評估（meta-evaluation），即對某評估活動本身進行再評估（*Smith, 1990; Stake, 1986*）。不管是哪一種用途，都存在一個永恆的主題，那就是在確定評估的問題和相關資料的類別時，評估專案的提案者，而非研究者一方，具有更大的決定作用（*U. S. General Accounting Office, 1990*）。

　　最後要說明的是，進行個案研究、撰寫研究報告的目的也可以有所不同，其中包括簡單地呈現單個案研究的過程，或者在多個個案研究的基礎上進行高度的概括等等（見專欄3）。

【專欄 3】 個案研究的概括

　　個案研究著作可以是單一個案研究的簡單呈現，也可以是對多個個案研究進行高度的概括。總結美國社會改革成功之處，以提高社會的整體生活條件，這是美國出版界歷久不衰的話題。而在這些出版刊物中，有些是對單一個案研究的簡單呈現，有些是對多個個案研究的總結和概括。

一本沒有進行概括和總結的著作

　　喬納森・克雷恩（*Jonathan Crane, 1998*）主編了一本研究論文集，其中收錄了九個個案，每個都單獨成為一章，其作者也各不相同。這九個個案的共同之處在於它們都是成功的社會改革實踐，所處的領域卻很不一樣，包括教育、營養、戒毒、學前教育以及藥物治療不良少年等等。這本書的目的是

與其他人共同分享、交流資訊，書中沒有總結性的章節，編者也沒有進行跨個案的交叉分析，沒有進行任何經驗總結。

一本進行了概括和總結的著作

李比斯・斯科爾（*Lisbeth Schorr, 1997*）出版的著作中，分析了提高社會生活水準的主要方法，其中主要分析了政策層面的四種出路：改革福利制度、加強兒童保護、教育改革和社區轉型。書中列舉了許多成功的改革實踐。在引用資料的基礎上，作者對這些個案進行了許多方面的概括，包括成功的改革實踐需要「以結果為導向」等等。同樣，作者還歸納出一項成功的改革所必須具備的其他六個特徵。

總結

本章簡介了作為研究方法的個案研究的重要之處。個案研究如同其他研究方法一樣，是遵循一套預先設定的程序、步驟，對某一經驗性、實證性課題進行研究的方式。本書的其他章節，將要詳細闡述進行個案研究所要遵循的程序。

本章對個案研究的概念進行了界定，並分析了幾種不同的個案研究。還試圖把個案研究與其他社會科學研究方法進行對比分析，指出在哪些情況下採用個案研究法會比其他研究方法（如調查法）更合適。在有些情況下，各種

研究方法的長處和不足重疊在一起，似乎看不出哪種方法更合適。然而，本章最基本的目標，是要你對各種研究方法採取包容、多元的態度。你可以根據具體的研究性質，自由選用最合適的研究方法進行社會科學研究。

最後，本章分析了對個案研究方法的幾種不實指控，並指出這些指控是錯誤的、站不住腳的。然而，我們在進行個案研究時，一定要努力克服各種問題，首先，包括要自我認識到，我們之中有些人根本不具備進行個案研究的技能與性格。儘管在傳統觀念中，個案研究被認為是一種「軟」研究方法（也許是因為研究者並未嚴格遵循研究步驟），但實際上，個案研究是一種需要付出艱苦努力的方法。本書提供了一系列進行個案研究需要遵循的基本程序、步驟，希望能幫你克服個案研究中遇到的問題。

練 習

1.詳細說明一個可以採用個案研究法進行研究的問題。

找出一個你認為可以採用個案研究法進行研究的問題，並思考如果僅僅採用歷史研究法、調查法或者實驗法進行研究（總之，不採用個案研究法），那麼哪些方面的問題（如果有的話）無法得到回答？與其他研究法相比，個案研究法有哪些明顯的長處？

2.詳細說明一個適合進行個案研究、有重大意義的題目。

找出一個你認為適合進行個案研究、也值得進行研究的題目，提出三個需要回答的主要問題。接下來，假定你能夠完美地回答這些問

題（也就是你已經成功地完成了個案研究），那麼，要怎樣才能向你的同僚證明，你的研究結果確實「意義重大」？你是否提出某些重要的理論？你發現了什麼不尋常的現象嗎？（如果你對自己的回答沒有什麼自信的話，那麼也許你應該重新設定你要回答的主要問題。）

3.在其他研究方法中，找出一個具有「重大意義」的問題。

依據調查法、歷史法或實驗法（而非個案研究法）找出一種研究個案，描述這些個案結果為什麼具有重大意義。它提出一些重要理論嗎？發現什麼不尋常的現象？

4.審視用於教學目的的個案研究。

找出一份用於教學目的的個案研究（如商學院教材中所引用的個案），與作為研究方法的個案研究相比，分析有哪些不同之處。教學個案引述了原始材料嗎？包含有論據嗎？展示了數據嗎？教學個案得出結論了嗎？教學個案的主要目的是什麼？

5.詳細說明用於研究目的的各種個案研究類型。

分析作為研究方法的三種個案研究類型：(1)解釋性或因果性個案研究；(2)描述性個案研究；(3)探索性個案研究。比較這三種研究方法各自的適用範圍，再提出一個你想進行的個案研究，看它是解釋性的、描述性的還是探索性的，為什麼？

第二章

個案研究方案的設計

設計個案研究的一般方法

就選擇研究方法而言，第1章已經告訴我們，在什麼樣的情況下應採用個案研究而不用其他方法。接下來的任務就是要對個案研究進行規劃。如同進行其他研究一樣，你必須設計一個研究方案。

設計個案研究方案是研究過程中最困難的一環。與其他研究方法不同的是，「如何設計個案研究方案」尚未成為一門成熟的「學科」。在生物學、心理學等領域中，已經出版了大量的教材，指導研究者如何設計實驗方案、如何進行分組、如何控制實驗環境、施加不同的刺激，以及如何測量研究對象的各種反應等等。這些步驟涵蓋了在實驗室條件下進行實驗的各方面。坎貝爾和斯坦利（*Campbell & Stanley, 1966*）所著的教材，以及庫克和坎貝爾（*Cook & Campbell, 1979*）所著的教材，對於如何設計準實驗方案也進行了詳細的指導。然而，令人遺憾的是，迄今尚未出現指導設計個案研究方案的教材（*Cochran & Cox, 1957; Fisher, 1935; Sidowske, 1966*）。同樣，個案研究領域也沒有形成一般的、可以通用的研究方案，這是它與調查法的不同之處，如在調查法方面，已經形成了諸如「小組調查」之類獲得廣泛承認、可資借鑑的通用研究方案（*Kidder & Judd, 1986, chapter 6*）。

一個常常出現的錯誤認識，是認為個案研究方案僅是其他研究方案（如實驗法）的一個子集或替代方案。長期以來，學者們錯誤地認為，個案研究僅僅是準實驗

設計的一種類型〔一次性的（one-shot）、僅用於後測的（posttest-only）〕。這種錯誤認知最終被糾正，在一本有關準實驗設計的修訂專著中，有人這麼認為：「正常實施的個案研究確實不應該被貶低，它不應該被錯誤理解成單組的、僅用於後測的實驗設計」（Cook & Campbell, 1979, p. 96）。換句話說，一次性的僅用於後測的準實驗設計，仍被看作是有缺陷的，但個案研究已經被看作與準實驗設計有所不同。實際上，個案研究是一種獨立的研究方法，有其特定的研究設計。

不幸的是，設計個案研究方案所要遵循的規範尚未形成。因此，本章就是要闡述方法論領域的新發展，並講述設計單個案研究和多個案研究方案的基本概念。儘管這些基本概念在未來的實踐中，都還需要不斷地加以修正、完善，但我相信這些概念還是能夠幫助你更容易設計出在方法論上更完善、更周密的個案研究方案。

研究設計的定義

每一類實證研究都有其隱含的（如果不是明確的）研究設計。就最本質的意義來說，研究設計是用實證資料把需要研究的問題和最終結論連接起來的邏輯順序。用通俗的話來說，研究設計是從「這裡」到「那裡」的邏輯步驟，「這裡」指需要回答的問題，「那裡」指得出的結論。在「這裡」與「那裡」之間也許可以有幾個步驟，包括蒐集和分析相關資料等等。作為一種概括性的界定，有

一本書把研究設計定義為這樣一種計畫：

> 這種計畫能指導研究者按步驟蒐集、分析
> 並解釋資料。研究設計是一種進行論證的邏輯
> 模式，它能使研究者對研究中各變數之間的因
> 果關係進行推論（*Nachmias & Nachmias, 1992, pp. 77~*
> *78*）。

另外一種定義的方法，是把研究設計看作是研究的「藍
圖」，它至少應處理四個問題：要研究什麼問題？哪些資
料與要研究的問題相關？需要蒐集哪些資料？如何分析結
果？（*Philliber, Schwab, & Samsloss, 1980*）

　　需要注意的是，研究設計不同於工作計畫。研究
設計的主要目的是，避免出現證據與要研究的問題無
關的情況。就此意義來說，研究設計處理的是邏輯問題
（logical），而不是後勤保障問題（logistical）。舉例來
說，假設你要研究某一組織機構，而你要研究的問題是這
個組織機構與其他組織機構之間的關係，如競爭和合作
關係。只有當你直接蒐集了來自其他機構的材料，而不
僅僅是你所要研究的組織機構材料之後，你的研究才能算
是周延。如果你僅僅把研究的範圍侷限於這個組織機構本
身，你就不可能了解組織機構間相互關係的實質，不可能
得出準確的結論。出現這種情況，是因為你的研究設計有
缺陷，而非工作計畫有缺陷。如果你在一開始就進行了嚴
密、周詳的研究設計，那麼就可以避免這種情況。

研究設計的要素

就個案研究法來說，進行研究設計時要特別注意五個要素：

- 要研究的問題；
- 理論假設（如果有的話）；
- 分析單位；
- 連結資料與假設的邏輯；
- 解釋研究結果的標準。

1.分析所要研究的問題

第一個要素在第1章中已經分析過了。儘管問題的實質各不相同，但問題的形式卻只有「什麼人」、「什麼事」、「在哪裡」、「怎麼樣」、「為什麼」幾種類型。在考慮採用哪種研究方法時，這能提供一些思考的線索。個案研究最適合回答「怎麼樣」和「為什麼」的問題，所以，你進行研究設計的第一步，就是準確分析你要研究的問題性質。

2.提出假設

這是第二個要素。它可以引導你關注要研究的問題，不會偏離到與研究無關的東西。如假設你要研究組織之間的關係，那麼你首先要提出問題：為什麼幾個組織會聯合起來，共同提供某種服務？它們是怎麼聯合起來共同提供某種服務的？（如為什麼電腦製造商和經銷商會聯合起

來，共同提供該產品的售後服務？）這屬於「為什麼」和「怎麼樣」的問題。首先應分析它是否適合採用個案研究法，是否揭示了你所要研究的、也是你最感興趣的問題，但是，僅此還不足以指導你如何進行研究。

只有明確提出某種具體的假設後，你的研究才會有正確的方向。你可能會想像，幾個組織、企業之所以聯合起來，可能是因為它們可以透過聯合達到互惠互利的目的。這個假設，除了反應出重要的理論問題（如導致合作、聯合的其他動機並不存在，或者並不重要）之外，還能告訴你到哪裡尋找相關的證據（去界定和證明各個組織所獲得的特定利益）。

【專欄4】與探索性研究相類似的「探險」

當克里斯多佛‧哥倫布（*Christopher Columbus*）晉見伊莎貝拉（Isabella）女王，懇求資助進行環球探險時，他必須向女王彙報要求三艘航船的理由（為什麼不是一艘？為什麼不是五艘？）；必須說明自己為什麼要向西航行（為什麼不是向南？為什麼不是先向南再向東？）；必須提出證據，以判斷其所見到的陸地是印度的標準（當然，他發現的新大陸後來證實並不是印度）。總之，儘管他的發現後來證實是錯誤的，但他在探險之前確實已經有了方向和原則（*Wilford, 1992*）。同理，在進行探索性個案研究之前，也同樣要先提出研究的方向和原則。

　　然而，有些研究可能無法提出假設，這也是合乎情理的。這種所研究的問題屬於探索性問題，如果採用實驗法、調查法或者其他方法，同樣也不可能在事前提出假設。但是，每種探索性研究仍應該提出具體的研究目的，以及提出判定研究是否成功的標準。專欄4是一個探索性個案研究的類比。分析個案後請回答：想像一下，你應該怎樣懇求伊莎貝拉女王，才能使她答應資助你從事某種探索性研究？

3.分析單位

　　第三個要素與什麼是「個案」的根本問題有關，這是一個一開始就困擾許多研究者的問題。如在典型的個案研究中，「個案」可能是一個單獨的人。珍妮佛・普拉特（1992a, 1992b）曾經分析過，為什麼芝加哥大學社會學院早期進行的個案研究，所分析的對象都是問題少年或無家可歸者。你也可以想像，個案研究的對象都是臨床病人、模範學生或者政治領袖。在上述情況下，個案研究的對象是單一的個人，單一的個人就是分析的最基本單位。如果把相關的多個個人資料都蒐集起來，那麼就形成了多個案研究。在研究一個人或多個人的資料時，仍需要提出相關的假設。如果事前沒有提出理論假設，研究者就會像無頭蒼蠅一樣，試圖把研究對象的所有資料都納入研究範圍，這當然是不實際、不可行的。你可能提出，某些人之所以會如此，可能是受到了兒童時期的經歷或者同伴的影響。這就大幅縮小了研究的範圍。提出的假設越具體，研究的

範圍就越小，也越具有可行性。

　　當然，個案分析單位也可以是比個人、個體更難以界定的事件或實體（entity）。有人曾完成關於決策、方案、實施過程、組織變化的個案研究。費金等人（*Feagin et al., 1991*）出版的著作中，記載了幾個有關社會學和政治學個案研究的經典個案。請注意，就「個案」的起點或終點來說，這幾類主題中沒有一個是很容易就能分得清楚的。如有關某個特定教學計畫的個案研究，可能表現為：(1)不同的教學計畫，這是由於研究者的角度不同而產生的結果；(2)教學計畫的要素，它在正式對教學計畫進行定義之前就已經存在了。因此，如果準備對教學計畫進行任何形式的個案分析，那麼就一定會遇到界定分析單位的問題。

　　一般指導原則是，你對分析單位（以及個案）的嘗試性界定，與你對所要研究的問題類型的界定連結在一起。如假設你要研究美國在世界經濟中的角色。彼得‧朱可爾（*Peter Druker, 1986*）曾寫過一篇極具煽動性的，有關世界經濟基本態勢演變規律的論文，聲稱在貨物與服務的流動之外，還存在著獨立的、重要的「資本運動」。你進行個案研究時的分析單位可以是一個國家的經濟，也可以是世界經濟市場中的某一產業；可以是某一產業政策，也可以是某兩國之間的貨物或資本流動。對分析單位的不同界定，會導致採用不同的研究方法或者不同的資料蒐集方法。

　　當你準備對要研究的原始問題進行更精確的分析時，就面臨選擇合適的分析單位的問題。如果此時你無法決定何種分析單位優於其他分析單位，那就表示你要研究的問

題太過模糊，或是數量太多，這必然會給你的研究增添麻煩。但是，如果你已經決定採取某種分析單位，那也不要從此一成不變。隨著資料蒐集過程中出現的新問題、新發現，你的分析單位應該接受不斷地修訂（參見本章後面部分中有關靈活性的討論及建議）。

有時會出現這種情況：分析單位已經被前人所明確界定，但當前的研究卻需要對此重新界定。最常見的情況是，研究者常把研究街坊鄰居的個案研究，與研究群體中人際關係的個案研究混淆（或者舉另外一個例子，那就是很容易把新技術與技術小組的工作混淆，見專欄5A）。街道這樣的地理區域與族群轉變、人類進步及其他社會現象之間的關係，可能明顯不同於群體與族群轉變、人類進步及其他社會現象之間的關係。如《街角社會》（見本書第1章專欄2）和《泰莉街角》（*Tally's Corner*）〔（*Liebow, 1967*），見本章專欄9）〕都常常被誤認為是關於都市地區街頭社會的個案研究，但實際上，它們都是關於小群體的個案研究（請注意，這兩本書都沒有描述街區的地理狀況，儘管書中所研究的群體都生活在具有街坊關係的小區域中）。專欄5B是一個很有說服力的例子，充分展示出在世界貿易領域，分析單位可以被更為明確、更細緻地界定。

絕大多數研究者在界定分析單位時，都會遇到這種易於混淆的情況。為減少可能出現的混淆，本書建議研究者與同僚討論相關個案，盡力向他解釋你想回答什麼問題、為什麼你要選擇這一特定個案來回答這些問題。這將可以

【專欄 5A】什麼是分析單位？

崔西・吉德爾（*Tracy Kidder*）所著的《新機器的靈魂》（*The Soul of a New Machine*）榮獲過普利茲文學獎。這本暢銷書敘述了資料通用公司為與數位設備公司競爭，而研製新型電腦的故事。

這本淺顯易讀的書籍描述了資料通用公司的技術人員設計、研發新型電腦的過程。故事開始於工程技術小組形成新電腦的概念，終止於工程技術小組放棄對電腦的控制，移交給資料通用公司的行銷團隊。

這本書是一個堪稱經典的個案研究，但該書也觸及了個案研究的一個根本性分析單位界定的問題。這個個案研究是關於電腦技術的創新，抑或是關於小群體，即工程技術小組的變動性？這個問題的答案非常重要、非常關鍵，如果我們想要在一個更為廣泛的科學情境中理解個案研究，即個案研究能否推廣到技術創新領域和群體演變領域。由於這本書並非學術著作，因此它不需要、也沒有提供這個問題的答案。

幫助你避免錯誤地界定個案研究的分析單位。

一旦完成了對將要研究的個案的總體界定，對分析單位進行更細緻、更明確的界定就顯得非常必要。如假定分析單位是一個小群體，那麼，就一定要把小群體之內的人與小群體之外的人員（個案研究的背景）進行明確的區分。同樣，假如要研究的對象是某一特定地理區域的服

【專欄 5B】更清楚地界定分析單位

艾拉‧瑪格津納爾和馬克‧帕丁金（*Ira Magaziner & Mark Patinkin, 1989*）出版的《無聲的戰爭：塑造美國未來的全球商戰》（*The Silent War: Inside the Global Business Battles Shaping America's*）一書中收錄了九個個案研究，每個個案都能夠幫助讀者理解國際經濟競爭的真實情況。

書中的兩個個案看起來非常相似，但實際上有不同的主要分析單位。關於韓國三星企業的個案，研究的是能夠讓企業更具競爭性的關鍵政策，而理解韓國的經濟發展僅僅是研究背景的一部分。個案中還包含一個嵌入性分析單位，用三星研發微波爐的過程作為說明性的例子。另一個個案是關於新加坡蘋果電腦工廠的發展情況，實際上分析的是新加坡那些使國家更具競爭力的重要政策。蘋果電腦的經驗，嵌入性分析單位，實際上是用來說明新加坡的政策是如何影響外國投資的。

這兩個個案顯示，對主分析單位、嵌入性分析單位以及包圍這些分析單位的環境事件的界定，取決於研究的層次。主分析單位很可能與主要研究問題處於同等層次。

務，那就不要把它與這一地區之外的服務混淆在一起。最後，無論研究哪方面的問題，都需要明確界定研究對象的時間範圍，確定研究始於什麼時點，結束於什麼時點。所有有關分析單位的這些問題，都需要提前考慮並做出回

答，這樣才能確定資料蒐集、資料分析的範圍。

　　最後一點，是關於現有研究文獻的作用。前期研究成果可以用於確定研究對象和分析單位。鑑於絕大多數研究者都想把自己的研究成果與先前的研究成果做比較，所以在研究中，你對某些關鍵問題的界定，要與前人研究中的界定保持一致。或者說，個案和分析單位要與前人研究中的個案與分析單位相似，或是比前人界定得更清楚、更明確。就此意義上來說，前期研究文獻可以成為你界定研究對象和分析單位的指南。

4.連接資料與假設，解釋研究成果的標準

　　第四、第五個要素是個案研究中定義最為模糊的部分。這兩個要素是個案研究中證據分析的前期步驟，研究設計應該為證據分析奠定堅實的基礎。

　　資料與假設的連結可以有多種形式，但都沒有像心理實驗中，實驗對象與實驗條件那樣被明確地定義過（這是心理學中，連接實驗資料與假設的一種方式）。個案研究中一個很有前途的方法是唐納德・坎貝爾（*Donald Campbell*）所述的「模式匹配」。借助這種方法，同一個案的幾組資訊可以共同形成某種理論假設（詳閱本書第5章）。

　　在一篇相關的論文中，坎貝爾闡述了一種時間序列模式。在論文中，坎貝爾首先闡述美國康乃迪克州限制交通速度低於每小時五十五英里的法律出爐後，每年因交通事故死亡的人數似乎呈下降趨勢。然而，他對法律通過前

後幾年的死亡率進行更深入地分析後，發現與其說是死亡率呈現下降趨勢，不如說是呈現出不規則的起伏波動。如圖2-1所示，只要稍微轉動一下眼珠，你就可以發現，交通事故死亡率的實際模式，根本不是呈下降趨勢，而是顯示出無規律的波動。因此，坎貝爾得出結論，〈交通限速法〉對交通事故死亡率沒有影響。

坎貝爾所做的，就是先描述兩種可能的模式，然後比較蒐集的資料與哪種模式更匹配。如果這兩種可能的模式被看作兩個相互矛盾的假設（就〈限速法〉的影響來說，在本個案中分別是「有影響」和「無影響」假設），那麼這種模式匹配技術，就是把資料與假設聯繫起來的方法，

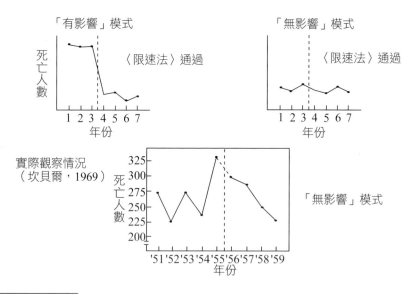

圖2-1 一個模式匹配的例子

資料來源：COSMOS公司

儘管整個研究僅包含一個個案（康乃迪克州）。

5.解釋研究結果的標準

這篇論文同時也存在著一個與第五個要素，即解釋研究結果的標準有關的問題。坎貝爾（*1969*）蒐集的資料與兩個模式的其中一個更相匹配，但到底兩者之間的契合程度要達到什麼程度才算匹配？請注意，坎貝爾並沒有進行對比，並沒有做任何統計檢驗。做統計檢驗也是不可能、不現實的，因為模式中的每一個數據，只能有一個數字，即當年的死亡人數，不存在第二個數字，不可能對它進行統計檢驗。因此，就目前這個個案來說，根本無法精確地設定解釋這類研究結果的標準。我們只能希望不同模式之間的對比足夠強烈、鮮明（如同坎貝爾的例子），以至於研究結果可以根據至少兩種相互矛盾的模式比較而獲得解釋（在本書第5章中，有更多、更重要的相互矛盾的模式）。

⊙小結

研究設計應該包括五個要素。儘管當前的研究水準尚無法對最後兩個要素提供詳細的指導，但一個完整的研究設計，首先，應該說明需要蒐集什麼資料，表現為：(1)研究的問題；(2)研究假設；(3)分析單位。其次，一個完整的研究設計還應該告訴你蒐集完資料之後該怎麼做，也就是：(4)連接資料與假設的邏輯；(5)解釋研究結果的標準。

設計過程中理論的作用

完成上述五個要素，將有效地初步形成、提出與研究對象有關的理論假設。在蒐集任何資料之前建構理論假設，是個案研究與其他相關方法，如人種學方法（*Lincoln & Guba, 1985, 1986; Van Maanen, 1988*）或「紮根理論」（*Strauss & Corbin, 1998*）的不同點之一。一般來說，採用這些相關研究方法進行研究之前，一定要刻意避免存在特定的理論假設。結果，學生把這些方法與個案研究混淆在一起，錯誤地認為，既然採取了個案研究法，他們就可以迅速進入資料蒐集階段，甚至導師還鼓勵他們儘快進行田野調查，沒有哪種建議能比這種建議更易於誤導學生了。除了其他的考慮之外，我要說明的是，相關的田野調查取決於對研究對象的理解，或者說是有關研究對象的理論。

1.理論建構

對於個案研究法來說，不管接下來的個案研究是提出理論或驗證理論，在研究設計階段進行理論建構（theory development）都是極為重要的。如用個案研究法來研究一種新管理資訊系統（MIS）的實施情況（*Markus, 1983*），那麼建構理論最簡單的內容就是做以下陳述：

> 本研究將說明，為什麼只有在組織能夠進行再造而非僅僅把新資訊管理系統強加於舊組織結構之上時，管理資訊系統的實施才可以獲得成功（*Markus, 1983*）。

這個陳述說明了實施管理資訊系統的核心，即管理資訊系統的成功需要以組織的再造為前提。

　　就同一個個案來說，以下的陳述也有可能形成另一種理論：

> 本研究也將說明，為什麼僅僅撤換關鍵
> 領袖並不足以導致管理資訊系統的成功實施
> （ *Markus, 1983* ）。

第二個陳述提出了一個相反的理論，即管理資訊系統的實施之所以失敗，是由於部分人員的抵抗，而成功實施管理資訊系統的唯一前提是撤換這些人。

　　你可以看到，在這裡提出的兩種理論都是編造出來的。它們都涵蓋了問題、假設、分析單位、連接資料與假設的邏輯，以及解釋結果的標準，即研究設計所必須考慮的五個要素。就此意義來說，完整的研究設計應該包括關於研究對象的「理論」。研究設計中的理論，絕不應被視為社會科學中的形式主義，也絕對沒人要求你必須是一個理論大師。相反，建構理論的目的，僅僅是為研究提供了一個更詳細完整的藍圖。這裡所說的理論假設，用兩個學者的話說，就是「關於行為、事件、結構和思想為什麼會發生的假設」（ *Sutton & Staw, 1995, p. 378* ）。完整、周密的研究設計能夠幫助你決定應該蒐集哪些資料，採用何種方法分析資料。正因為如此，在蒐集資料之前進行理論建構，是個案研究中一個非常重要的環節。

　　然而，建構理論並不是一件容易的事，要花費不少的

時間和精力（*Eisenhardt, 1989*）。對有些領域來說，現有的研究成果也許可以提供相當豐富的理論框架。如假設你準備研究國際經濟的發展，彼得‧杜拉克（*Peter Drucker, 1986*）的《變化的世界經濟》（*The Changed World Economy*）一書，提出過很多類型的理論假設，可為你提供許多啟迪。杜拉克聲稱，世界經濟已經出現了巨大的變化，初級產品（原材料）經濟與工業經濟也已經完全分離，低人力成本與製造業的產品正在經歷類似的分離過程，金融市場與貨物、服務的分離也正在進行。要驗證這些假設，需要進行不同的分析研究，有些人側重於研究世界經濟的結構，另一些人偏重於研究特定的產業，還有一些人則重在解釋某些特定國家的貧困化。不同的研究內容必然導致分析單位的不同。杜拉克的理論框架不但可以為你的研究設計提供指導，甚至還可以幫助你蒐集相關資料。

在有些情況下，研究中所要建構的理論看上去應該是描述性的（見專欄6。前面的專欄2可以看作是另一個例子）。此時你應該側重於考慮以下三個問題：(1)進行描述的目的；(2)對所要研究的問題進行描述的真實與完整程度；(3)能夠被描述且具有實質意義的問題。仔細考慮這些問題，並分析回答上述問題所要遵循的原則，將有助於你在進行研究設計時，建構出合適的理論基礎。

對於另一些研究課題，現有的知識基礎可能顯得不足，可供獲取的研究文獻無法提供合適的理論框架，因此無法形成完美的理論假設，這種研究帶有「探索性」研究的色彩。所以，如同專欄4所述，探索性個案研究也要提

出以下陳述：(1)探索什麼？(2)探索的目的是什麼？(3)判斷探索是否成功的標準是什麼？《個案研究方法的應用》（*Yin, 2003*）中最重要的一章，也是第1章，透過四個不同的個案研究，詳細闡明了理論在個案研究中的作用。

【專欄6】使用比喻，來建構描述性理論

　　美國殖民地、俄國、英國、法國這四個國家在政治革命過程中是否都經歷過相同的路線，是克雷恩・布林頓（Crane Brinton）史學名著《革命的解剖》（*The Anatomy of a Revolution*）的研究課題。作者以敘事的方式回顧和分析了四個國家的歷史事件。作者的目的與其說是解釋革命，不如說是分析它們是否同樣經歷相同的發展路線。

　　個案交叉分析的結果，說明四者間存在一些主要的相同處：它們的社會在經濟方面都處於上升、發展階段（不是處於下降階段，這與作者的心理預期有所不同）；都有嚴重的階級衝突；知識份子都不跟政府合作；政府機制腐敗低效；統治階級墮落、放蕩、糜爛、無能。然而，作者並不僅僅依據這些「因素」對歷史進行敘述，而是用「發高燒的病人」來比喻、描述事件發生的模式。發燒的病人一會兒感覺冷，一會兒感覺熱，體溫上升到某一臨界點後，出現寧靜的假象，作者就是用這種週期性變化的模式，來描述各國歷史事件的起伏不定。

2.理論的幾個示範性類型

一般來說，要克服建構理論的困難，你要提前做好充足準備，檢索前人已完成的相關研究文獻（*Cooper, 1984*），向老師請教，與同僚討論你的研究課題與設想，給自己提出挑戰性的問題。如你要研究什麼？為什麼你要進行這個研究？你想從研究結果學到什麼東西？之類的問題。為更進一步做好研究設計，你應該了解相關的完整理論。如前述管理資訊系統的個案中，提到了管理資訊系統「執行理論」（implementation theory）。這僅僅是研究對象的理論類型之一，其他常常被用到的理論包括：

- 個人理論：如個人發展理論、認知行為理論、個性理論、學習理論、個人感知理論、人際互動理論等等。
- 群體理論：如家庭功能理論、非正式群體理論、團隊協作理論、上下級關係理論、人際關係網路理論等等。
- 組織機構理論：如層級理論、組織結構功能理論、組織激勵理論、組織間協作理論等等。
- 社會理論：如城市發展理論、國際行為和國際關係理論、文化傳統理論、科技發展理論、市場功能理論等等。

有些個案也可能會同時用到幾種理論。如決策理論（*Carroll & Johnson, 1992*）就涉及個體、組織、社會團體等。

再比如，評估聯邦、州或者地方公共政策的效果，是常見的個案研究。在這種情況下，建構有關公共政策應該如何運作的理論，是研究設計的重要部分；但過去這個環節並未受到足夠的重視（*Bickman, 1987*）。根據貝克曼的研究，許多研究者常常把相關政策的理論（例如：如何使教育政策更加有效）與政策實施的理論（例如：如何制定有效的教育政策）相混淆。政策制定者想要了解實質性的內容（例如：描述出一個高效的教育方案），但研究者卻提供錯誤的建議，提供的是管理方面的內容（例如：僱用能幹的領導者）。如果能在實質性理論方面給予更多的注意，這種「牛頭不對馬嘴」的現象就可以避免。

3.從個案中歸納出理論

理論建構不僅能幫你在進行個案研究時，更合理地蒐集資料，它還有利於對個案進行歸納、概括。在本書中，理論對於個案歸納的作用被稱為「分析性歸納」，不同於被稱為「統計性歸納」的另一種歸納方法。理解兩種歸納方法的區別，將是你進行個案研究時最大的挑戰。

儘管與個案研究的關係最不密切，讓我們先討論一種常常提到的歸納方法，即「統計性歸納」。在「統計性歸納」中，研究者透過蒐集樣本的各種實證資料，然後推導出總體的某種屬性。用圖2-2來表示，這種歸納被稱為「第一層次推論」（Level One Inference）。圖2-2僅僅解釋了正式的研究設計，而不包括資料蒐集活動。對於圖中的實驗、調查和個案研究三種方法，資料蒐集技術可以被

稱為第三層次，如對個案研究來說，第三層可能包括採用
多元手段蒐集資料。這在本書第4章中有詳細討論。統計
調查與實驗法也包括同樣的資料蒐集方法，如調查量表的
設計與實驗中刺激的呈現方法等等。這種歸納方法通常都
是站得住腳的，是被學術界所認可的，因為這是研究者透
過大量的資料做出的推論（當然，這取決於總體的大小、
樣本的數量及總體和樣本之間的相似程度）。因此，這
是進行統計和調查時最常用的歸納方法（如*Fowler, 1988 &
Lavrakas, 1987*），也是對檔案資料進行分析最常用的方法。

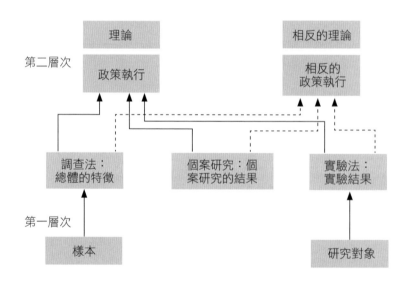

圖2-2　　　兩種層次的推導

資料來源：COSMOS公司

把統計性歸納當作個案研究的歸納方法，是個案研究的致命性錯誤。這是因為你所選取的個案並不是「樣本」，不應該作為統計性歸納的基礎。單個案研究就好比研究者在實驗室中進行的新實驗。因此，多個案研究可以被看作是多個相關實驗，此時所進行的歸納是「分析性歸納」。在分析性歸納中，先前提出的理論被當作「範本」（template），實證結果要與這個範本相對照。如果兩個或更多實證結果都支持同一理論，那麼，研究者才可以說他的研究具有可重複性。如果兩個或更多的實證結果都支持同一理論，且不支持與之競爭的理論（rival theory），那麼此研究結論就更具說服力。如果用圖表來表示，那麼分析性歸納就是圖2-2中的「第二層次推論」。

　　無論你從事的個案研究包含有一個或有幾個個案（亦即無論是單個案研究或多個案研究），你都可以採用分析性歸納法。在本書後面的章節中，討論到多個案研究時，將會闡述可重複性原則以及統計性歸納與分析性歸納的區別。在這裡要強調的重點是，你在從事個案研究時，必須努力使用分析性歸納，且一定要避免出現類似「個案的樣本」、「不大的個案樣本數」這樣的說法，絕對不要把個案研究的對象看作是實地統計調查時的調查對象，或者實驗室中的一個實驗對象。換句話說，你在從事個案研究時，應該採用圖2-2中所示的「第二層次推論」。

　　認清這兩種不同層次的歸納方法之間的區別，極具重要意義。因此，你在本書第5章以及其他章節中，將會讀到更多、更詳細的討論。

⊙小結

本部分已經闡明了一個完整的個案研究設計，應該包括前述五個要素；在進行研究之前，構建個案研究的理論框架將有助於進行研究設計，防止出現偏差。有經驗的研究者，不應該拒絕進行理論構建，而應下功夫進行理論構建，無論面對的個案研究是解釋性的、描述性的，抑或是探索性的。在個案研究中，理論不僅能幫助你制定合適的研究設計、方便蒐集研究資料，而且也是對個案研究資料進行歸納分析的重要工具。

研究設計品質的判定標準

正因為研究設計必須表現為一整套符合邏輯的陳述，所以能夠透過符合邏輯的檢驗過程來判別某研究設計的品質。與這種檢驗有關的概念包括可靠性（trustworthiness）、可信度（credibility）、可確定性（confirmability）以及資料可靠性（data dependability）（*U. S. General Accounting Office, 1990*）。

在評定實證性社會研究的品質時，常常要用到四種檢驗。由於個案研究是實證性社會研究之一，所以這四種檢驗同樣也適用於個案研究。本書一個重要創新之處在於找出了對個案研究進行這四種檢驗時所要採取的策略。表2-1列出了這四種常用的檢驗方法、每類檢驗所要採取的策略及其所處的研究階段（在本書以後的相關章節中，將

對每種策略進行詳細的闡述）。

<table>
<tr><td colspan="3">表2-1　適用於四種檢驗的各種研究策略</td></tr>
</table>

檢驗	個案研究策略	運用策略的階段
建構效度	採用多元的證據來源	資料蒐集
	形成證據鏈	資料蒐集
	要求證據的主要提供者對個案研究報告草案進行檢查、核實	撰寫報告
內在效度	進行模式匹配	證據分析
	嘗試進行某種解釋	證據分析
	分析相對立的競爭性解釋	證據分析
	使用邏輯模型	證據分析
外在效度	用理論指導單個案研究	研究設計
	透過重複、複製的方法進行多個案研究	研究設計
信度	採用個案研究草案	資料蒐集
	建立個案研究資料庫	資料蒐集

資料來源：COSMOS公司

　　由於這四種檢驗常用於所有的社會科學中，因此許多著作已經對它們進行過詳細的闡述（*Kidder & Judd, 1986, pp. 26~29*）：

- 建構效度（construct validity）：對所要研究的概念形成一套正確的、可操作性的測量；

- 內在效度（internal validity，僅用於解釋性或因果性個案研究，不能用於描述性、探索性

個案研究）：從各種紛亂的假象中找出因果
聯繫，即證明某一特定的條件將引起另一特
定的結果；

• 外在效度（external validity）：建立一個範
疇，把研究結果歸納於該類項下；

• 信度（reliability）：說明個案研究的每個步
驟，如資料蒐集過程都具有可重複性，並且
如果重複這個研究就能得到相同的結果。

上面幾個概念比你曾經學習過的「效度」、「信度」
概念更為複雜，你需要對每個概念都付出更多的關注。需
要特別注意的是，從事個案研究的學者，不僅須在研究的
最初階段關注上述概念，而且須在整個研究過程中都小心
處理上述問題。因此，「研究設計工作」實際上要遠遠超
越最初的計畫階段。

建構效度

個案研究中的建構效度檢驗特別具有爭議性。那些對
個案研究持批判態度的人認為，個案研究者未研發出一套
完善的、具有可操作性的指標體系，因此在蒐集資料過程
中常常出現個人主觀的判斷。本書第三版的一位匿名評審
者曾指出，建構效度還與受訪對象能否正確理解他所被問
及的問題有關。下面就以「社區變化」，這也常是個案研
究的對象（如*Bradshaw, 1999; Keating & Krumholz, 1999*）為例來
說明。

多年來，人們對都市中的社區如何變化，感到困惑不解，曾有許多學者用個案研究的方法來考察社區的各種變化，並解釋結果。然而，由於沒有人能夠事先明確告知何種重大事件構成所謂的「變化」，讀者就無法辨別某個案研究中所記載的「重大」事件，到底是能夠反應社區演變中「真正」的、公認的關鍵事件，還是僅僅基於研究者個人看法的瑣碎小事。

　　社區演變涵蓋相當廣泛的現象：種族衝突、房屋破敗並廢棄、社區服務方式的變化、社區經濟體制的轉變，或者中產階級移民的到來，使社區得以再次振興等等。要透過建構效度檢驗，研究者必須完成兩個步驟：

- 挑選你要研究的特定類型的變化，而且保證這些變化與研究目的有關聯；
- 證明你所挑選的指標體系確實能夠反應、衡量你所選擇的特定類型變化。

　　如假設你選擇社區犯罪率上升作為研究社區變化的一個類型，這僅僅完成了第一步；第二步，你必須闡明，為什麼用警察局的犯罪記錄作為衡量犯罪率上升的指標（這恰好是美國聯邦調查局罪案公布署所用的標準措施）。但是，如果大量的犯罪被隱瞞或者未被員警記錄在案，那麼你所採用的指標也許就不能稱為一個有效的指標。

　　如表2-1所示，有三種措施可以提高個案研究的建構效度。第一個措施是採用多種證據來源，並對各種證據進行相互交叉印證。此措施適用於資料蒐集階段（見第4

章）。第二個措施是形成證據鏈，它也適用於資料蒐集階段（也見第4章）。第三個措施，是讓主要的證據提供者對個案研究報告草案進行檢查，核對證據的真實性（第6章闡述了檢查的詳細過程）。

內在效度

在實驗和準實驗領域，內在效度檢驗已經受到極大程度的關注（*Campbell & Stanley, 1966; Cook & Campbell, 1979*）。很多可能引起錯誤結果、降低內在效度的因素都已經被一一地確認。由於很多教材已經充分論述過這個問題，本書不再贅述，僅指出兩點值得注意的事項。

首先，內在效度僅與因果性（或稱為解釋性）個案研究有關。因果性個案研究的目的，是判斷事件X是否會導致事件Y。如果實際上是另外一個事件Z導致了事件Y，但研究者錯誤地得出是事件X導致了事件Y的結論，那麼我們就可以認為，這位學者的研究設計在內在效度方面存在問題。請注意，內在效度檢驗並不能適用於描述性研究和探索性研究（無論是採用個案研究法，還是統計調查法或者實驗法），因為這兩類研究並不要求解釋事件之間的因果關係。

其次，個案研究的內在效度檢驗可以擴展到推論過程這個更廣泛的問題上。從根本上說，在進行個案研究時，只要無法直接觀察某一事件，就需要進行推論。研究者將根據訪談、檔案等等，「推論」出先前發生的某一事件導

致了某一特定的結果。這種推導正確嗎？研究者是否考慮到另一種相對的可能性？所有的證據都支持這個結論嗎？論證過程是否無懈可擊？只有事前預計到並回答這些問題的研究設計，才能保證推導、論證過程嚴密，具有內在效度。

然而，達到這個效果的具體方法卻難以確認，這對於個案研究尤其如此。如表2-1所示，有人曾經建議可以採用模式匹配方法，提高內在效度。這種方法將在第5章中詳細討論。其他三種方法，包括構建解釋、提出競爭性解釋、使用邏輯模型等，也將在第5章中討論。

外在效度

第三個檢驗就是要弄清楚某個案研究的成果是否具備可歸納性，即是否可以歸納成為理論，並推廣到其他個案研究中。舉一個簡單的例子，如果某有關社區演變的個案研究，研究範圍集中在一個社區中，那麼，它的研究成果能否適用於另一個社區？外在效度問題一直是個案研究中的一個主要障礙。批評者常常稱單個案研究論據不充分，不足以進行科學的歸納。但是，這些批評者實際上是在以統計調查的標準看待個案研究。在統計方法中，樣本（如果樣本挑選得好的話）應該能夠代表一個大的總體；但是，在個案研究中，用樣本來推論總體是錯誤的。統計調查依據的是「統計性歸納」，而個案研究（以及實驗）依據的是「分析性歸納」。在分析性歸納中，研究者也會盡

力從一系列研究結果中總結出更抽象、更具概括性的理論
（見專欄7）。

【專欄 7】 個案研究如何被歸納成為理論

人們常常指責個案研究無法用一個個案推知另一個個案。因此，研究者常常試圖挑選「有代表性」的一個個案或一系列個案，從而陷入思考的陷阱。但是，無論選取多少個案，都無法使那些對個案研究不滿的人感到滿意。

問題出在這種想用某個案推知到另一個個案的想法。實際上，研究者應該盡力把研究結果歸納為「理論」，好比自然科學家從實驗結果中歸納出理論一樣（請注意，科學家並未試圖挑選「有代表性的」實驗）。

簡・雅格絲（*Jane Jacobs, 1961*）在她的經典之作《美國大都市的生與死》（*The Death and Life of Great American Cities*）對此問題進行過詳細地探討。這本書主要取材於紐約市，但是，書中研究的課題並不僅僅局限於紐約市，而是城市規劃中的理論性問題，如人行道的作用、社區公園的角色、小型街區的好處、貧民區的形成過程和拆除等等。實際上，這些問題結合在一起，最終構成了城市規劃的理論。

雅格絲的專著引起了城市規劃學者們的激烈爭論。結果，有些學者開始在其他地方進行實證研究，以驗證她這些頗具啟發意義的說法。從本質上說，她的理論已經成為檢驗其他個案的載體，即使在目前情況下，她的理論仍然對城市規劃學貢獻良多。

如假設某研究的關注點在於城區的人口變遷（如 *Flippen, 2001*），那麼挑選研究城區的第一步，是確定那些人口發生變遷的城區類型。未來的研究結果，亦將歸納於人口變遷理論的範疇。

然而，歸納並不是機械的、無意識的。一個理論必須接受檢驗，研究結果必須要能夠在第二、第三個社區中複製，而且保證出現同樣的結果。只有進行了複製的過程，研究結果才能被認為具有堅實的理論基礎。表2-1中的複製法則（replication logic）同樣適用於實驗法（能夠使科學家透過實驗來累積新知）。在本章講到多個案研究時，將會詳細討論複製法則。

信度

信度檢驗對於許多人來說並不陌生。信度檢驗的目的是確保達成以下情況：後來的研究者，如果完全按照先前研究者所敘述的步驟，再次進行相同的個案研究，將能得出同樣的結果，總結出同樣的結論（請注意，信度檢驗的重點，在於做同樣的研究，而不是在另一個案研究中「複製」某一研究的成果）。信度檢驗的目標是降低、減少研究中的錯誤和偏見。

其他研究者能夠重複進行先前某個案研究的一個前提，是詳細記錄先前研究的每一個步驟、程序。如果沒有這樣的記錄，就無法重複自己曾經做過的工作（這是進行信度檢驗的另一方法）。從前對個案研究程序的記錄並不

全面，導致外人對於個案研究的信度產生懷疑。有關《個案研究：設計與方法》一書評審者的其他建議，請參見本書作者1999年出版的有關論著。本書第3章討論了使用個案研究草案（case study protocol）這個提高信度的方法，第4章討論了提高信度的另一種方法，即建立個案研究資料庫（參見表2-1）。

提高信度的一般方法，是儘可能詳細地記錄研究的每一個步驟，就如同有人在你背後監督著你的一舉一動一樣。透過記錄研究過程，研究者時刻提醒自己，任何資料都要能禁得起審核。就此意義來說，審核者也是在進行信度檢驗；而且，如果遵循同樣的程序，一定會獲得同樣的結果。因此，對個案研究的建議就是，細心記下每一個步驟，給後來者提供詳細的資訊，使他能夠重複這個研究，並得到同樣的結果。

⊙ 小結

用來判斷個案研究設計品質的指標有四項。在進行研究設計和執行研究方案的過程中，你可以採用各種方法來提高這四項指標。這些方法並不都處於設計研究方案的階段，有些方法出現於資料蒐集階段，有些出現於證據分析階段，另外一些處於起草研究報告階段。本書將在以後的相關章節中詳細分析這些方法。

個案研究設計

前述有關研究設計的一般特徵可作為進行個案研究設計的背景。下面將詳述四種研究設計，這四種研究設計構成2 × 2的矩陣（見圖2-3）。矩陣首先顯示每種研究設計

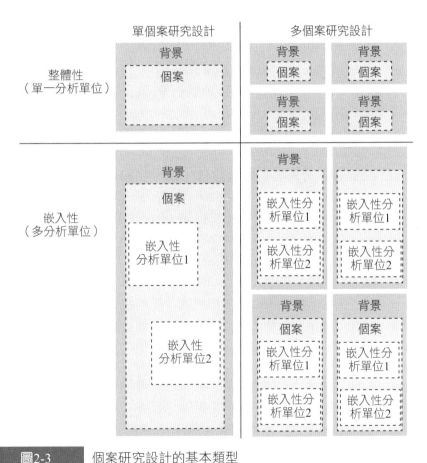

圖2-3　　個案研究設計的基本類型

資料來源：COSMOS公司

都包括個案與其所處的情境條件（contextual condition）兩個組成部分，個案與情境之間的虛線表示兩者之間的邊界並不十分明顯。其次，矩陣顯示，雖然有單個案研究和多個案研究的不同，但它們都可以有一個或多個分析單位，結果就形成整體性單個案研究設計〔single-case（holistic）designs〕、嵌入性單個案研究設計〔single-case（embedded）designs〕、整體性多個案研究設計〔multiple-case（holistic）designs〕、嵌入性多個案研究設計〔multiple-case（embedded）designs〕四類。這四種研究設計的理論基礎如下：

什麼是潛在的單個案研究設計（第一類和第二類）

1.單個案研究設計的適用範圍

進行個案研究設計主要可分為兩類，即單個案研究設計和多個案研究設計。這就意味著在蒐集資料之前就要做出決定，選擇採用一個個案或是採用多個個案來說明要研究的課題。在某些情況下，使用單個案研究設計比較合適，下面提供給個案研究設計的五種適用範圍。請記住，單個案研究就好像是單個實驗，適合進行單個實驗的許多情境，都同樣適用於單個案研究。

單個案研究設計的第一種用法是對一個結構完善的（well-formulated）理論進行批判或檢驗（也可類推到批判式的實驗）。有些理論已經明確提出某些觀點，以及這

些觀點成立的條件，人們也普遍接受了這些理論，認為它們都是正確的。單個案研究可以用於對這些理論進行驗證、挑戰或者進行擴展；單個案研究還可以用於判定某個理論是否正確，或者是否存在比這個理論更為恰當的理論。如1971年格瑞漢姆·亞里森曾從古巴導彈危機中得出的三個理論（見專欄1），由此可以證明，單個案研究同樣可以對知識和理論的形成做出偉大的貢獻。單個案研究甚至有助於對某一學科領域未來的研究重心產生深遠的影響（專欄8就是一個例子，組織創新領域由於某個單個案研究，而出現新的研究重心）。

　　單個案研究的第二種用法是對某一極端個案或獨一無二的個案進行分析。這種情形常常出現在臨床心理學中。臨床心理學中常常出現某種極少見的損傷或心理失調症狀，由於極為少見，所以值得進行記錄和分析。如一種罕見的臨床症狀，是病人無法記住或識別其常見的親朋好友的面貌，甚至在給他們視覺提示的情況下，病人也無法識別出愛人、朋友、名人，甚至他們自己在鏡子中的影像。這種症狀似乎表明病人的大腦受到了物理性損傷，但由於這種病症極少出現，以至於醫生無法建立起研究模型（*Yin, 1970, 1978*）。在這種情況下，每當患有這種病症的病人出現時，進行單個案研究就是極為適當的方法。記錄下病人的各種反應，不但可以確定病人臉部識別的準確情況，而且還可以判定是否存在其他相關的機能失調症狀。

【專欄 8】作為檢驗的單個案研究

　　單個案研究設計的用途之一是對某個廣為接受的理論進行批判。尼爾・克羅斯等人（*Neal Gross et al., 1971*）在其著作《組織創新的實施》（*Implementing Organizationl Innovations*）一書中，對一所學校進行過個案研究。

　　作者挑選這所學校作為研究對象，是因為這所學校曾有過創新的成功先例，因而不能被認為存在「創新的障礙」。根據之前風行的理論，「創新的障礙」是導致創新失敗最主要的原因。克羅斯透過個案研究證明：這所學校也出現了創新失敗，但失敗的原因並不能歸結於「創新的障礙」，實施過程似乎是導致創新失敗的主因。

　　雖然僅包含一個個案，但這本書確實成為創新理論的分水嶺。在克羅斯之前，學者們研究創新理論時的精力主要放在認定「創新的障礙」上；在這本著作出現後，學者們有關創新理論的研究重心由「創新的障礙」轉為「實施創新的步驟」上。

　　第三種用途與第二種用途恰好相反，即用於研究有代表性的、典型的個案。在此，研究的目的是了解某典型個案出現的環境和條件。如個案可以是眾多不同方案中最具代表性的方案，或是眾多製造工廠中最常見的一個工廠、一個典型的都市社區，或者一所具有代表性的學校等等。從此個案中得到的結論應該有助於加深對於同類事件、事物的理解。

單個案研究的第四種用途是研究啟示性個案（revelatory case）。當研究者有機會去觀察和分析先前無法進行的科學現象時，適宜採用單個案研究設計。第1章中專欄2懷特的《街角社會》就是一個典型的例子；另一個例子，是艾略特·列勃（Elliot Liebow）有關失業漢的著作《泰莉街角》（見專欄9）。列勃獲得了一次機會，得以研究華盛頓特區某社區中的失業男子，觀察他們的日常生活。儘管失業在整個國家都是十分普遍的現象，但先前極少有學者對此問題進行深入地觀察與研究，列勃

【專欄 9】作為單個案的啟示性個案

　　當研究者能夠進行以前所無法進行的科學觀察時，採用多個案研究就不如單個案研究。因為進行個案研究可以記錄相關資訊，從而對所要研究的問題產生啟迪。

　　艾略特·列勃1967年有關失業漢生活的社會學研究巨著《泰莉街角》，就是這樣一本著作。這本書是研究城市貧民區失業漢的力作。透過與這些失業漢交朋友，作者得以了解他們的生活方式、謀生手段，尤其是他們對於失業和挫折的感受。雖然失業現象在美國許多城市中都是司空見慣的事情，但一直沒有得到完善的研究，《泰莉街角》對於失業現象進行了深入而精確的分析。這個單個案研究說明了如何進行這類社會研究，並啟迪其他學者在失業方面進行更多的探索，最終引起國家政策的改變。

的研究對失業現象進行深入、有價值地分析。當其他學者得以有機會、有條件地對失業現象進行研究時，這一個案就因為其啟示性質而具有被研究的意義。

單個案研究的第五種適用範圍是研究縱向個案（longitudinal case）：對於兩個或多個不同時間點上的同一個案進行研究。這樣的研究將能揭示所要研究的個案是如何隨著時間的變化而發生變化的。設定理想的時間間隔，將有助於反應出待研究個案在各個階段的變化情況。

以上是單個案研究設計的適用範圍。在其他情況下，單個案研究設計也能派上用場，如單個案研究可以用做多個案研究的實驗個案（pilot case）。但是，此時的單個案研究本身並不能稱為完全意義上的個案研究。

不論是何種用法（單個案研究的用法不止以上五種），單個案研究設計都存在一種潛在的危險，即選擇的個案與研究者最初的設計相比完全走了樣。因此，單個案研究設計需要對各種潛在的可能性進行充分地評估，以降低選錯個案的可能性，提高個案的說服力。為避免出現上述情況，本書的一個忠告是，在沒有對研究對象的各種可能性進行充分的分析、設計之前，不要輕易著手啟動個案研究程序。

2.整體性個案研究與嵌入性個案研究

一個個案研究可能包含一個以上的分析單位。當需要對一個或多個次級分析單位進行考察時，就會出現一個研究中同時並存多個分析單位的現象（見專欄10）。如儘

> ## 【專欄10】 一個嵌入性單個案研究設計的例子
>
> 　　利普塞特、楚爾、寇里曼（*Seymour Martin Lipset, Martin Trow, & James Coleman, 1956*）三人合著的《工會民主》（*Union Democracy*）是一本備受推崇的巨著。這本關於「國際印刷工會」（ITU, International Typographical Union）內部政治的個案研究，包括多個分析單位（見表2-2）。整個工會是主要分析單位，單個會員是最小的分析單位，但其他幾個中間分析單位也十分重要。在不同的分析層次中，作者使用到了從歷史研究到調查分析等不同的資料蒐集方法。

表2-2　　資料類型（續專欄10）

分析單位類型	整個系統	中間分析單位		個體
	問題、職業資料、工會法、政策、歷史文獻、訪談記錄	地方工會的歷史及投票資料、地方工會出現的問題、地方工會的規模	印刷工廠工會的投票記錄、印刷工廠工會的規模	對領導的訪談　對工會工人的抽樣訪談
國際印刷工會整體	結構特徵、環境特徵和行為特徵	透過推論了解溝通的網絡（結構性的）		

地方工會	行為特徵（兵役狀況等）	行為特徵、工會規模	透過推論以了解溝通的網絡（結構性的）		結構特徵、環境特徵和行為特徵	
工廠			行為特徵、工廠工會的規模			人員分布的特徵
會員所處的其他社會環境	從有代表性的問題及選舉結果中推論社會氛圍	從有代表性的問題及選舉結果中推論社會氛圍				教會祈禱團主席的品質、朋友們的品質
會員	透過推論：占主流地位的價值及興趣	透過推論：價值觀、興趣、忠誠度（如對當地工會的忠誠度超過了對國際工會的忠誠度）	透過推論：價值觀、興趣、忠誠度（如對工廠工會的忠誠度超過了當地工會）	透過推論：價值觀	行為、背景、價值觀、態度	

資料來源：利普塞特、楚爾、冠里曼，1956年，p. 422。引用經著者同意。

管某個個案研究僅僅涉及一個組織（如醫院），但其分析單位可能包括臨床治療的結果和醫院裡的雇員（甚至包括對醫院以前所有雇員檔案的量化分析）。再如對某一公

共政策進行評價性研究時，這個公共政策可能包括眾多財政資助的專案，每個專案都可能成為嵌入性分析單位。無論出現哪種情況，這些次單位都可以透過抽樣技術或簇群技術（cluster techniques）（*McClintock, 1985*）被抽取出來用作嵌入性分析單位。不管透過什麼方式選取出次級分析單位，這種研究設計都被稱為嵌入性個案研究設計（見圖2-3，第二類）。相反，如果在某個個案研究中，僅考察某一組織或公共政策的整體性質，那就會用到整體性個案研究設計（見圖2-3，第一類）。

　　單個案研究設計的這兩種變化形式都有其長處和不足。當不存在次級分析單位時，或者研究的目的是揭示個案的整體屬性時，整體性單個案研究設計就較為有利。然而，雖然整體性研究設計能夠讓研究者不必對個案的細節進行費時耗力的分析，但也會引起新的問題。如整體性研究設計常常出現一個有代表性的問題，是個案將流於抽象化，缺少明確具體的證據或指標。

　　整體性研究設計常常引起的另一個問題，是研究者在毫無察覺的情況下，個案研究的性質在研究過程中改變。研究者最初的設計可能是指向某一問題，但隨著研究的進展，新的問題出現了，觀察到的證據指向另一個方向。儘管有些研究者聲稱這種靈活性正是個案研究的長處，但實際上對個案研究法的許多批評聲浪正是針對這種改變而產生的，實際執行的研究設計，不適於回答先前提出的問題（見*COSMOS, 1983*）。為了避免受到這樣的指責，你必須避免出現這種預料之外的轉變；如果需要研究的相關問題

確實出現了改變，那你就要重新開始，提出一個新的研究設計。對無意識轉變保持警惕性的方法，就是提出一整套次級分析單位，也就是說，嵌入性研究設計是能夠使你對個案保持高度注意的一個重要工具。

然而，嵌入性研究設計同樣也有其不足之處。一個常見的問題是研究者往往把目光集中於次級分析單位，而未能回到主分析單位上。如某一公共政策可能包括多個項目，每個專案都是一個次級分析單位。在對公共政策進行評價時，本來要對公共政策層次的分析單位進行分析，但不幸卻演變成對專案層次的分析（即演變為對不同項目的多個案分析）。同樣，在對組織氛圍的研究中，每個人都可被看作一個次級分析單位。但是，如果僅僅把關注的焦點集中在個人身上，那麼這個研究就變成對個人的研究，而不再是對組織機構的研究。在這兩個例子中，原計畫要研究的對象（公共政策或組織氛圍）不再是研究的目標，而變成了研究的背景環境。

⊙小結

單個案研究設計是最常用的研究設計之一，本節分析了單個案研究設計的兩種不同形式，即整體性單個案研究設計和嵌入性單個案研究設計。總體來說，單個案研究設計適合用於以下情況：(1)用於對現有理論進行批判或檢驗；(2)不常見的、獨特的現象；(3)有代表性的或典型性的事件；(4)啟示性事件；(5)對同一個案進行縱向比較。

在設計和實施個案研究時，一個重要步驟是界定分析

單位（或個案本身）。在開始個案研究之前，必須對分析
單位進行細緻的界定，並充分聽取各方建議，以確保選擇
的個案與準備研究的問題具有內部關聯性。

由於單個案研究中可能存在次級分析單位，所以可
能需要用到更複雜的嵌入性個案研究設計。次級分析單位
能夠幫助研究者拓展研究範圍，並對個案進行更深入的分
析，但如果給予次級分析單位過多的關注，導致忽視更大
的或主要的分析單位，那麼個案研究的分析方向將會出現
轉移，性質出現變化。如果確實出現轉變，就需要對研究
設計做出改變，那麼你必須對此有所交代，並說明新研究
設計與原有設計的關係。

什麼是潛在的多個案研究設計（第三類和第四類）

個案研究可能包含多個個案，當出現這種情況時，
它就是多個案研究設計。近年來，多個案設計出現的頻率
越來越高。如某個有關學校改革（如採用新課程方案、重
新調整學期安排或者採用新的教育技術等等）的研究可能
要涉及許多所學校，每所學校都參與了一項或多項教學改
革。在這種情況下，每所學校都是一個單獨的研究對象，
包含多所學校的教育改革研究，就要用到多個案研究設
計。

1.多個案研究設計與單個案研究設計之比較

在某些學科領域中，多個案研究法一直被看作是一

種截然不同於單個案研究法的方法。如在人類學和政治學領域，學者們對單個案研究的適用範圍與比較性個案研究（亦即多個案研究）的適用範圍已有定論（見*Eckstein, 1975; George, 1979; Lijphart, 1975*）。然而，本書認為，單個案研究設計與多個案研究設計是同一研究方法的兩個不同形式，在經典性個案研究（即單個案研究）與多個案研究之間沒有明確的分界線，它們都屬於個案研究。

與單個案研究設計相比，多個案研究設計既有長處，也有不足。從多個個案中推導出的結論往往被認為更具說服力，因此整個研究就常常被認為更能禁得起推敲（*Herriott & Firestone, 1983*）。另外，適用單個案研究的場合通常並不適用多個案研究。如不常見的個案、批判性的個案以及啟示性個案都只適用單個案研究。除此之外，多個案研究可能要占用很多的研究資源和時間，以至於超出一個學生或一個學者的能力範圍。因此，在做出採用多個案研究設計的決策之前，一定要通盤考量，不能有絲毫輕率。

研究設計中的每個個案都要能用來滿足某一目的。在此，筆者強烈建議研究者把多個案研究看作多元實驗，也就是在進行多個案研究時，要遵從複製法則（replication logic）。以前有一種錯誤的類比，即把多個案研究中的個案看作是一個調查統計中的多個訪談對象（或者一個實驗中的多個實驗對象），它們需要遵從抽樣法則（sampling logic）。這種類比是完全錯誤的。兩者的差別在於它們背後的理論基礎不同，多個案研究遵循的是複製法則，而後者遵循的是抽樣法則。

2.多個案研究遵從的是複製法則，而不是抽樣法則

多個案研究所遵從的複製法則，與多元實驗（multiple experiments）中的複製法則類似（*Hersen & Barlow, 1976*）。如透過某次實驗取得某項重大發現後，學者將會重複進行第二次、第三次甚至更多次相同的實驗，以進行驗證、檢驗。有些重複實驗可能要一模一樣地複製前次實驗的所有條件，而其他一些重複實驗可能會有意改變某些非關鍵性的條件，來考察是否能得到同樣的實驗結果。只有透過這種複製性實驗（檢驗），原有的實驗結果才能被認為是真實的、有說服力的，因而也才有繼續進行研究和解釋的價值。

多個案研究背後的原理與多元實驗相同。每一個個案都要經過仔細挑選，挑選出來的個案要能：(1)產生相同的結果〔逐項複製（literal replication）〕；或(2)由於可預知的原因而產生與前一個研究不同的結果〔差別複製（theoretical replication）〕。在一個多個案研究中，合理地安排六至十個個案，就如同圍繞同一問題設計六至十個實驗一樣，需要精心地準備。一些個案（二至三個個案）應是逐項複製，而另一些個案（四至六個）應是差別複製，並應分屬兩種不同的模式。如果所有的個案都與事前提出的理論假設相符合，那麼這六至十個個案合在一起，就能很有說服力地證明最初提出的理論假設。假如某幾個個案的結果呈現相互矛盾之處，那麼就應對最初的理論假設進行修改，然後再用另外幾個個案，對修改後的理論假設進行檢驗。這個過程與科學家們處理幾個相互矛盾的實

驗結果時所採取的方法是一樣的。

在複製過程的所有步驟中，最重要的一個步驟是建構合適的理論框架。理論框架需要申明在哪些條件下，某一特定的現象將有可能出現（逐項複製），或者在哪些條件下某一特定現象不可能出現（差別複製）。理論框架將在以後的研究中成為推廣研究結果的載體，這與多元交叉實驗中理論框架的作用類似。另外，就像實證科學一樣，如果幾個個案的實證結果與理論假設相互衝突，那麼就必須修改理論假設。請記住，理論假設應該是可驗證、可實踐的，而不是脫離實際的、純理論的。

如某人提出這樣的初步論點：當電腦技術同時運用於教學和管理時，學校的電腦應用才會增加；但電腦技術僅應用於教學或僅應用於管理時，學校中的電腦應用並不會增加。如果採用多個案研究設計來驗證此理論假設，他應挑選三至四個同時在教學與管理中採用電腦技術的學校，來驗證是否經過一段時間後電腦確實有所增加（這是三至四個逐項複製）。另外挑選三至四所學校，這些學校僅在行政管理中使用電腦，假定這幾所學校電腦的應用不會增加（這是差別複製）。最後，挑選另外三至四所學校，這些學校僅在教學中使用電腦，同樣假定這幾所學校中電腦的應用也不會增加（這又是一個差別複製）。如果這三組個案的研究結果，都與其事前的理論假設相吻合，那麼這九至十二個個案合在一起，就證明了此初步論點。專欄11簡要介紹了另一個多個案研究設計，與上述個案不同的是，專欄11所簡介的個案是一個有關城市研究的多個案研

【專欄11】 多個案重複研究的例子

在二十世紀的六○年代和七○年代，如何讓市政當局接受研究機構提出的合理化建議，一直是社會研究的熱點。許多大學和研究機構都有與市政當局合作的經歷。皮特·桑頓（*Peter Szanton, 1981*）的著作《建議何以難行》（*Not Well Advised*）一書，對這些合作行為進行了細緻地分析。

這是一個很好的多個案重複性研究設計的例子。桑頓首先列舉第一組共八個個案、八所大學都與市政當局有過合作，但都失敗了。這八個完全相同的、重複的個案足以向讀者證明，大學與市政當局合作失敗是一種普遍現象。其次，作者又提供了另外一組共五個個案、五所非大學研究機構與市政當局的合作也失敗了，作者以此證明合作失敗的原因與大學的學術性質無關。作者再次列舉了第三組個案，這些大學與商業公司、工程公司等市政當局之外的其他部門的合作都是成功的。最後，作者又列舉了第四組共三個個案，這三個個案與政府合作都取得了圓滿成功。在這三個個案中，相關大學不僅關心合理化建議的提出過程，而且關心市政當局實施建議的過程。因此，作者最終歸納出市政當局接受合理建議的特殊性之所在。

在每組個案中，桑頓採用了逐項複製；而四組個案之間，則構成了差別複製。這種令人折服的研究設計能夠、也應該適用於其他研究領域。

究設計。《個案研究方法的應用》（*Yin, 2003*）引有另外三個多個案研究的實例，分別在該書第8、9和10章中有詳細的介紹。這三個多個案研究都遵循複製法則。

實驗法和個案研究法中的複製法則與統計調查中常用的抽樣法則完全不同。統計調查中的抽樣法則要求對總體中所有個體進行編號，然後再經由統計程序從總體中抽取待調查的對象（樣本）。從樣本上採集到的統計資料也應該完全反應總體的特徵。經過推導計算，還能劃定研究結果的信賴區間（confidence intervals），在信賴區間以內，統計結果應是完全準確的。當研究者需要研究某一現象出現的頻率或分布狀況時，統計調查往往是最佳選擇。

在個案研究中採用抽樣法則，卻是完全錯誤的。首先，個案研究法並不是考察某一特定現象發生頻率的最佳方法。其次，由於個案研究既需要研究現象本身，又必須研究現象的前後關聯，這將會生成大量的變數。涉及的變數越多，需要考察的個案就越多，結果導致研究方案過於複雜、難以執行。第三，如果在個案研究中被迫採用抽樣法則，那麼許多重要的問題將無法進行實證調查。如可能會出現下列局面：你正在進行一個有關美國總統的研究，目的是從領導能力的視野研究現任總統的行為。為做到忠於事實，有關領導能力的研究範圍就必須涵蓋幾十個甚至上百個變數。考慮到美國開國至今共有四十三位總統，如果採用抽樣法則，研究計畫將過於龐大。

何況，你根本無法取得四十三位總統的所有資料（即使能夠獲得四十三位總統的所有資料，鑑於有四十三個

採樣點，每個點上又有上百個變數，工作量必定極為龐
大）。如果採用抽樣法則，那麼這個研究肯定無法進行下
去；但是如果採用複製法則，那麼這個研究就相當切實可
行。採用複製法則進行多個案研究的過程如圖2-4所示。
該圖顯示，多個案研究設計的第一步是進行理論建構。該
圖還顯示，在設計和蒐集資料的過程中，個案的選擇與研
究類型的界定是其中最重要的兩個環節。每一個個案都是
一個完整的研究，如果實證結果是內斂的、會聚的，那就
證明其結論成立。如果某一結論成立，那就要再進行一次
複製的過程，對上一個個案進行檢驗。對於每一個單獨的
個案，都要撰寫研究報告，研究報告中要解釋為什麼原理
論假設成立（或者不成立）的理由。所有的個案合在一
起，需要再次撰寫多個案分析報告，報告中要闡明複製的
邏輯，並解釋為什麼有些個案的實證結果與其理論假設相
符合，而有些個案的實證結果與理論假設不符合。

在圖2-4中，虛線所形成的反饋環是研究中非常重要
的一個環節。反饋環節表示這樣一種情況：在對某一個個
案進行研究時，赫然發現其與最初研究方案不匹配。如某
一個案與最初的設計方案不相符，與你要研究的對象並
無關聯。另一個反饋環節（圖中並未顯示出來）表示另一
種情形，即個案的實證結果與原來的理論假設有出入，導
致研究者重新考慮修改最初提出的理論假設。不管是哪種
情況，只要出現，就一定要在繼續進行下一個個案研究之
前，重新設計原有的研究方案。重新設計可能包括採用其
他可替代的個案，或者改變個案研究（即資料蒐集）草案

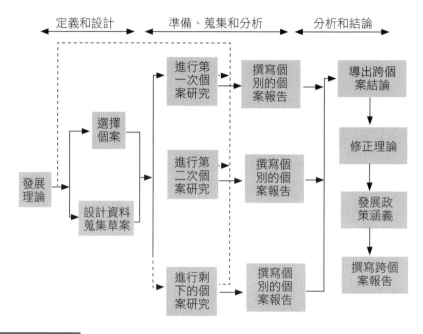

圖2-4　　　個案研究方法

資料來源：COSMOS公司

（Protocol）。如果不修訂研究方案，那麼別人就會質疑你是否為了使研究結果與最初的假設達到一致而故意扭曲或忽視與之不相符合的發現。而且，別人會接著認定，為了使研究結果與最初的理論假設相一致，你有選擇性地蒐集資料，故意忽視對你不利的資料。

　　總體來說，圖2-4描述了一套與抽樣設計截然不同的研究思路，這種研究思路及相對比的抽樣方法，都是很難操作的，因此，在進行個案研究設計之前，與同僚進行深入而廣泛的探討將是十分必要的，對你的研究將有很大的

幫助作用。

　　當採用多個案研究設計時，會遇到另一個重要問題：到底要列舉多少個個案才能被認為是必要的，或者說是足夠的。然而，由於抽樣法則在個案研究中並不適用，所以有關樣本大小的常用理論在此也不適用。相反地，你在做出決定時應該捫心自問：我需要或想要重複做幾個個案（既包括逐項複製，也包括差別複製）？

　　逐項複製的數量，可以用統計學中顯著性檢驗來做一類比：選擇「$p < 0.05$」還是選擇「$p < 0.01$」，並非由某個公式決定，而是由你自己主觀決定的。決定到底進行幾次逐項複製，取決於你想讓多個案研究的結果具有多大程度的確定性（正如顯著性檢驗的數值越高，統計結果的顯著性越大一樣；個案研究中，個案的數量越多，其確定性就越大）。假定你所要研究的問題並不要求具有很高的確定性，或者你所提出的理論假設與其他理論假設之間的差別很大，不易混淆，那麼你進行二至三個逐項複製就足夠了。然而，如果你提出的理論假設與其他相關的理論假設差別極小、極易混淆，或者你要使你的研究具有更高的確定性，那麼你可能就需要進行五個、六個甚至更多個逐項複製。

　　至於差別複製的個數，則要根據研究對象的複雜程度。如果你對某些外部條件是否會引起不同的結果感到不確定，那麼在進行研究之前，你需要對這些相關條件進行明確的界定，並選擇較多的個案進行研究。如在研究社區變革時，一個常常被採用的假設是認為種族或者族群並

不相同的社區，經歷變革的路線通常並不相同（Flippen,
2001）。如果採用多個案研究設計，研究社區變革，那
就要根據種族與族群差異，把個案分成好多個小組（在每
一個小組內部，也至少要安排二至三個逐項複製）。相反
地，如果研究者認為外部條件並不會對要研究的現象產生
影響，那麼就不需要進行多個差別複製。

3.多個案研究設計的基本原理

簡單地說，多個案研究設計直接來自於你對逐項複
製與差別複製的理解。最簡單的多個案研究設計，就是選
擇2個或多個個案，進行逐項複製。就像對某項政策進行
評估時，就要挑選一系列個案，與作為範例的個案進行比
較。挑選個案需要提前對其結果進行某種預判，有了明確
的認知，多個案研究才能集中分析為什麼某種結果會出現
以及怎麼出現之類的重要問題，才能一個個案接一個地進
行逐項複製。

如果你的研究包括多個差別複製，或者差別複製的數
目過多，那就形成了更為複雜的多個案研究設計。如研究
者可能會採取「雙尾設計」（two-tail design）。在雙尾
設計中，研究者特意選取兩個相互矛盾的極端個案（如最
好的情況和最壞的情況）進行研究。對不同類型的條件提
出各種假設，再把所有的條件進行分組，同樣也構成複雜
的多個案研究設計。類似的研究設計有很多，它們都很複
雜。這是因為研究者至少要在每一組中安排兩個相互獨立
的個案，這樣才能在組與組之間形成差別複製，在組內形

成逐項複製，兩者互相補充，提高研究設計的周延性。

4.整體性多個案研究與嵌入性多個案研究

　　採用多個案研究設計，並不能消除或減少前述單個案研究的變化形式：每一個個案都可分為整體性個案或嵌入性個案。換句話說，多個案研究也可分為整體性多個案研究（見圖2-3的第三類）及嵌入性多個案研究（見圖2-3的第四類）。

　　採取哪種變化形式，取決於你所要研究的現象及研究問題的性質。嵌入性研究設計甚至需要對每一個研究節點進行調查。如假設你研究的內容是不同社區中心理健康諮詢中心的服務情況（*Larsen, 1982*），那麼每個心理健康諮詢中心都有理由成為個案研究的對象。根據理論框架，你選擇了九個諮詢中心作為研究對象（個案），其中三個是逐項複製，另外六個則要改變條件，進行對比（差別複製）。

　　研究進行中，需要對每個諮詢中心的病人進行調查（或者換個做法，檢查每個諮詢中心的病歷檔案），讓他們回答某些問題，所以這是一個有九個個案的嵌入性多個案研究設計。然而，每次統計的結果僅能用於本諮詢中心，而不能把所有諮詢中心的統計結果綜合在一起進行分析。也就是說，對每個中心所做的統計只能用於本個案（本諮詢中心）的研究。這些資料集中於患者的態度或行為，它們可能是量化的資料，可以結合諮詢中心的檔案資料，共同說明本諮詢中心的業務運作情況。然而，如果把

各個中心的調查資料綜合在一起進行分析，那麼你就不是在執行多個案研究設計，此時的研究方法與其說是個案研究，不如說是統計調查。

⊙小結

本小節主要探討多個案研究的適用環境。多個案研究現在越來越流行、越來越普遍，但也越來越耗經費、時間和精力。

任何一種多個案研究設計都要遵循複製法則，而不能沿襲抽樣法則。研究者在選擇個案時必須十分仔細，所選個案應該如同進行多元實驗一樣，在研究開始之前就清楚明確地預告，會出現相同的結果（逐項複製）或不同的結果（差別複製）。

多個案研究設計中的每一個單獨個案，既有可能是整體性個案，也有可能是嵌入性個案。在嵌入性研究設計的每一個單獨個案中，都有可能蒐集並分析高度量化的資料，也可能會在每個單獨的個案中使用統計技術。

有關選擇個案研究設計的建議

你已經知道如何界定個案研究設計，並準備開始著手設計研究方案，下面給你提供兩個建議。

採用單個案研究設計還是多個案研究設計

　　第一條建議是，儘管兩種研究設計都能取得圓滿的結果，但是，如果有條件（和資源）的話，你應該選擇多個案研究設計，而非單個案研究設計。哪怕是你僅能完成一個只包含兩個個案的「雙個案」研究設計，成功的機會也比單個案研究設計大得多。這是因為單個案研究設計就好比「把所有雞蛋都放在一個籃子」，很容易出現「一步走錯，全盤皆輸」的問題。更重要的是，從兩個或多個案中總結出來的結論，會比從一個個案中總結出來的結論更紮實、更具說服力。

　　首先，即使只有兩個個案，你也有進行逐項複製的機會。分別獨立地從兩個個案中得出的結論並相互印證，就如同從兩個實驗中分別得出結論，將比僅從一個個案（或一個實驗）中得出的結論更具說服力。第二，兩個個案的背景環境可能有一定程度的不同，假如在不同的環境中你仍然能得出完全相同的結論，那麼，你就在很大程度上擴大了研究結果的可推廣性、適用性，而單個案研究設計則不具有此優勢。

　　另一種情況是，你並不想進行逐項複製，而特意挑選兩個具有較強對比性的個案。在這種研究設計中，如果兩個個案都分別證明各自最初的理論假設，這實際是一個差別複製，那麼你的研究結果的效度與單個案研究設計相比，外在效度就提高了許多（如參見專欄12）。

【專欄 12】 兩個「雙個案」個案研究的例子

12a.有關社區建設的兩個相互對比的個案

為了研究建構社區學習能力的兩種不同策略，切斯金（*Chaskin, 2001*）選擇了兩個個案。作者的整體概念框架（這也是其研究的中心課題），聲稱可以建構社區學習能力的兩種方法是透過集體合作而來：(1)加強現有的社區組織網路；(2)在社區中成立一個新的組織。在充分申述了基本理論框架後，切斯金分析了兩個個案，分別證明每種方法的生命力。

12b.有關教育責任制的兩種相互對比策略

為了研究與執行教育責任制的兩種不同方法，艾力默、阿貝爾曼、弗爾曼（*Elmore, Abelmann, & Fuhrman, 1997*）選擇了兩個個案，這兩個個案具有互補性。所謂教育責任制，是指讓學校對學生的學術成就負責。其中一個個案代表低成本、比較簡單的工作責任核定制度；而另一個個案則代表高成本、比較複雜的工作責任核定制度。

一般來說，有關單個案研究的批評，通常表現為學者們對於個案獨特性和人為改變個案環境（如以不正常的方法接觸主要證據提供者）的疑慮結果，然而，這種對單個案研究的批評，最終卻會變成懷疑你從事實證研究（而不是單個案研究）的能力。如果你的研究中包含兩個個案，將能對這

些批評和懷疑做出有力的反擊，如果包含兩個以上的個案，這種反擊的效果會更好。由於有這樣的好處，你至少應以包含兩個個案為目標。如果一定要使用單個案研究設計，那你應該清楚明白地說明理由，打消別人對你的疑慮。

封閉式設計還是開放性設計

　　另一個建議是，儘管本章的主旨是進行研究設計，但你不應認為個案研究設計是僵化的、不變的，不能認為即使在資料蒐集過程中出現新資料或新發現，也不能改變研究設計。實際上，在研究過程中出現的新資料和新發現具有很重要的啟發作用，你應該據此更改、修正最初的研究設計。

　　如當你在實施一個單個案研究時，隨著資料的蒐集，發現原來被認為極具獨特性的個案，其實並不具備獨特性。同樣，當你在進行多個案研究時，突然發現原來準備用於逐項複製的兩個相互並列的個案並不具有相似性。當出現這類情況時，你有充分的理由相信：原來的研究設計應該進行修改。但是，在做出修改之前，應提醒自己認真思考做出哪種性質的修改：僅僅重新選擇一個個案，還是改變你最初的理論假設以及研究目的。這個問題的核心在於，研究設計應具有某種程度的靈活性，但並不能因此而降低個案研究設計所應遵循的周密性和嚴肅性。

練 習

1.界定個案研究的邊界。

選擇一個你想採用個案研究法研究的課題，確定研究中所必須回答的幾個基本問題。這些問題是否確定了個案研究的邊界？蒐集證據、資料需要多長時間？是否確定相關的組織機構和地理區域？將蒐集何種類型的證據？分析過程中哪些問題享有優先權？

2.界定個案研究的分析單位。

觀察圖2-5，結合已經出版的個案研究著作，對圖中的每一個話題進行討論，圖2-5中的每個話題都代表一種不同的分析單位。你是否認為具體的分析單位比抽象的分析單位更易於界定？為什麼？

圖2-5 適合成為案例研究對象的一些例子

資料來源：COSMOS公司

3.界定判別研究設計品質的標準。

對判斷研究設計品質的四個標準進行界定：(1)建構效度；(2)內在效度；(3)外在效度；(4)信度。設計一個個案研究，並分別舉例說明這四種判斷方案品質的指標。

4.詳細分析一個個案研究設計。

　　選擇本書中的一個專欄,分析該個案的研究設計。它是怎麼蒐集證據的?又是怎麼用證據回答研究前所提出的問題?在論據的基礎上,研究者採用了什麼方法概括總結出理論?這個研究是單個案,還是多個案?它的分析單位是整體性的,還是嵌入性的?

5.描述單個案研究和多個案研究的適用環境。

　　描述一個適用單個案研究的環境,再描述一個適用多個案研究的環境。從本書專欄所列舉的個案研究實例中,或從你所熟悉的其他個案研究實例中,各舉出一個單個案研究設計的例子,和一個多個案研究設計的例子。多個案研究設計和單個案研究設計各有哪些長處?

第三章

實施個案研究：
蒐集資料的準備

第1章和第2章分別探討了個案研究中問題的設定及研究方案的設計。然而，許多人把「實施」個案研究等同於個案資料的蒐集，本章和下一章就來詳細探討個案研究中資料的蒐集過程。本章主要探討蒐集資料的前期準備工作，下一章則主要探討資料蒐集的實際方法。

　　資料蒐集的準備過程十分複雜，不易操作。假如準備工作做不好，就會嚴重影響到後面所有的研究環節，而且所有前期工作，包括研究問題的界定和個案研究設計，都將變得毫無意義。

　　準備階段的第一項，是對實施個案研究的學者進行培訓，使其具備實施個案研究所必需的理想技能。過去的研究文獻說明，研究者必備的技能很少受到學者們的關注。某些技能十分關鍵，研究者可以透過學習、實踐而掌握這些技巧。其他四項工作也是個案研究準備階段的重要組成部分，分別是：參加有關特定個案研究的訓練、制訂個案研究的草案、篩選研究的個案、實施一個試驗性的個案研究，制訂個案研究草案是從整體上提高個案研究信度的有效手段。只有好好處理以上五個方面，整個個案研究過程才能順利實施。以上五個方面都需要有極大的耐心，但在過去，它們常常被學者所忽視。本章的其他部分將詳細探討這五個問題。

個案研究者：理想的技能

　　許多學者之所以採用個案研究法，是因為他們相信個案研究法很容易實施。許多社會學者，尤其是嶄露頭角的社會學者，認為不需要克服多少困難就可以完全掌握個案研究法。他們相信，掌握個案研究法只需要學習一些最基本的工作程序；即使缺少形式邏輯或分析方法也無大礙；個案研究就是「平鋪直敘」。事實上，這些想法與個案研究的現實相去甚遠。

　　實際情況是，個案研究法對於研究者的智慧、情緒、自尊心的苛求程度，遠比其他研究方法高得多。這是因為個案研究的資料蒐集工作並未形成慣例，沒有經歷常規化的過程。如在實驗室實驗或統計調查中，大部分（甚至所有的）資料蒐集工作可以交給一個或多個研究助理完成。研究助理在進行資料蒐集時，極少出現隨意性行為；也就是說，實驗或統計中的資料蒐集過程是常規化、程序化的活動，但由於其分解程度太高，容易變成十分無聊的機械操作。

　　蒐集個案研究資料卻不是如此。相反地，高品質的個案研究需要訓練有素、經驗豐富的研究者來從事資料蒐集工作。由於在資料蒐集過程中，往往會不斷出現新問題，這些新問題與原有的理論假設可能並不一致，需要對原有理論框架進行調整。只有經驗豐富的研究者，才能把新出現的問題轉化成取得學術突破的機會，而不是陷入其中無法自拔；也只有訓練有素的學者，才能在研究中不表露出

個人的感情色彩或偏見。

　　不幸的是，到現在為止，尚未出現可以用來判斷某人適合從事個案研究與否的考試。在第1章曾簡單地提到，這與數學與法律等專業領域有所不同。在數學領域，人們可以參加考試，根據考試分數判斷自己是否具備在數學領域進一步發展的能力與素質。在法學領域也是如此，首先必須進入大學法學院學習，並且只有通過執業資格考試，才能取得執業執照。如果無法通過資格考試，就不能進入司法領域。

　　雖然至今還沒有形成有效的篩選機制，來認定某人是否具有從事個案研究的技能，但是下面這些基本技能卻是從事個案研究所必備的：

- 優秀的個案研究者應能夠提出好的問題，並對答案進行解釋；
- 優秀的研究者應該是一個好的傾聽者，不會被自己的思維方式和偏見所束縛；
- 研究者應該具有靈活性、伸縮性，這樣在遇到新問題時，才能化問題為機遇，化挑戰為動力；
- 無論進行理論研究，還是政策研究，研究者都應能夠時刻牢牢抓住研究問題的本質。只有抓住了問題的本質，研究者才能剔除無關的資訊，縮小研究的範圍，把整個研究限定在可控制的範圍之內；

- 研究者對於要研究的問題不應心存偏見，必
  須排除一切偏見或既定看法，即使是有一定
  理論根據的偏見，也要完全摒除。

下面將詳細討論研究者應具備的這些特質。缺少某一項特質並不十分重要，因為這些特質都是可以彌補的。如果缺少一、兩項技能，也可以透過訓練而彌補、提高。但是，在測試上述特質或技能的時候，研究者必須誠實，不要諱疾忌醫，不要試圖隱瞞自己的缺陷。

提出問題

個案研究與第1章中其他研究方法的不同處在於，該方法要求研究者在整個資料蒐集過程中（而不僅僅是在這之前或之後）時刻保持追根究柢的探究精神。因此，發現並提出好問題的能力，就成為從事個案研究學者的必備條件。研究者最理想的結果，是與所有的證據進行大量的對話活動。這種對話活動包括：

> 在對研究對象極為熟悉的基礎上思考各種可能性，研判可能蒐集到的證據類型，根據蒐集到的證據對各種可能性進行檢驗，蒐集更多的證據以處理心理預期與現實情況之間的差距等等（*Becker, 1998, p. 66*）。

個案研究確實要遵循一定的計畫，但是，某些與個案研究有高度關聯的證據很可能是無法提前預估到的。你在過程

中，一定要隨時對蒐集到的證據進行分析，考慮為什麼事實與預想的情況不一樣。這也許會指引你去搜尋其他更多的證據。

如果你在證據蒐集過程中很善於提出問題，那麼可以預見的是，你在結束每天的研究工作之後，都會有種精神上和感情上的疲勞感。這種心智方面的疲勞感與你從事調查或實驗法蒐集資料時（這裡指對被試者進行實驗，或者利用調查量表進行調查），所產生的疲勞感大不相同。實驗法和調查法的資料蒐集過程極為程序化，資料蒐集者雖然要蒐集一大批資料，但不需要發揮個人主觀性；而且，他們在資料蒐集過程中不需要對所蒐集的資料進行任何分析。因此，這類資料蒐集過程雖然十分耗費體力，但並未耗費心智與精神。

研究就是提出問題，但並不一定要回答問題。但假如你能夠提出問題、試探著回答問題，且問題的答案能夠引發更多問題，所有問題加在一起導致意義深遠的重大發現，那麼你就是一個出色的問題發現者。

傾聽

就個案研究者來說，「傾聽」並不僅僅是用耳朵去聽，它意味著透過多種方式取得資訊，例如仔細觀察，從觀察對象的細微變化中判斷未來的發展方向等。一個好的傾聽者，要能夠在不帶任何個人好惡的前提下，獲得大量的資訊。當受訪者敘述一個事件時，好的傾聽者能夠從

受訪者的遣詞用句（有時，受訪者的用語、語氣能反應出重要的線索）中，掌握其心態和情感，了解事件的前後關聯，並理解受訪者感受世界的方式。

如同觀察日常生活環境一樣，「傾聽」技巧同樣適用於檢閱文字檔案。在檢閱文字檔案時，傾聽表現為時刻提醒自己是否遺漏了字裡行間的重要資訊。文獻中的任何線索，都要與其他證據相互一致，但好的「傾聽者」要能從字裡行間中找到其背後的意涵，不稱職的「傾聽者」甚至意識不到字面背後還會有其他重要的意思。其他一些傾聽方面的缺陷，包括對事物不敏感，或者是記憶力太差。

靈活性與彈性

極少有個案研究能完全按照事先的計畫順利進行。事實上，總免不了或多或少地改變研究設計，有時你需要改變研究的主線（發生的機率不太大），而有時只需要加入新的個案（發生的機率比較大）。有經驗的研究者必須時刻提醒自己，不要偏離最初的研究目的，但當始料未及的情況發生後，研究者要能夠及時、適當地調整、修改研究方案（見專欄13）。

在進行調整、修改時，你必須摒除所有的偏見，完全認清這個事實，即你已經不經意地開始偏離原有的研究設計，轉而研究另一個新問題。當這種情況發生時，你所有已經完成的前期工作，包括最初的個案研究設計，都必須從頭再來一遍。對個案研究者的一個最大的指責，是他

們已經改變了研究的方向，但卻沒有意識到其最初的研究設計，不足以指導更改後的研究實踐，結果導致缺憾和偏差。保持靈活性與嚴肅性、但不僵化，這之間的平衡是一個重要的課題，千萬不能被忽視。

【專欄 13】在進行個案研究設計時保持足夠的彈性

　　即使在五十年之後，彼得・布勞（*Peter Blau, 1955*）有關大型政府機構的研究，對組織中正式群體與非正式群體之間的關係，具有精闢見解，因此仍受到學界的高度推崇。

　　彼得研究的焦點集中在兩個政府機構上，但這並非其研究的初衷。正如作者所述，他最初的設想是進行一個單個案研究，但後來轉為對兩個組織，即一個公立、一個私立進行對比研究（*pp. 272～273*）。但後來他發現無法成功打入私立組織之內，最後不得不轉為研究兩個政府機構，這與其研究初衷完全不同。

　　這是在進行個案研究設計時常常出現、典型的保持伸縮彈性的例子。彼得的經驗證明，一個有經驗的研究者，能夠抓住機會調整研究方案，甚至修改理論假設，以取得最終成功。

牢牢抓住研究的課題

　　牢牢抓住研究的課題、不偏離既定的研究目標，最主要的方法就是，一開始就充分理解個案研究的目的。每一個研究者都必須對個案研究中涉及的理論假設與政策課題做到心中有數，在證據蒐集階段加以分析、判斷。如果對所要研究的問題沒有足夠的了解，那麼在蒐集證據的過程中，需要對研究計畫做出調整時，你就不知道這個調整是否可被接受，或者是否合適。這是因為個案研究的資料蒐集過程，與其他研究的資料蒐集過程不一樣，它並不是僅僅機械地記錄所觀察到的資訊。你必須在觀察的同時，對蒐集到的資料進行解釋，如果幾個證據之間出現相互矛盾的地方，必須在第一時間判斷是否要蒐集更多的證據，這個過程就像偵探破案一樣。

　　事實上，偵探的比喻能給個案研究者極大的啟發作用。犯罪事實發生後，偵探接到報案，趕到案發現場，推斷之前所發生的犯罪過程。偵探必須基於目擊者的描述、現場留下的物證，再加上無法具體描述的常識，對案件進行推理分析。最後，偵探可能不得不對多個案件合併分析，以判定這些案件是否為同一罪犯所為。後一個步驟與多個案研究中的複製法則相類似。

摒除偏見

　　如果研究者採用個案研究的目的僅僅是去證實一個偏頗的先入為主之見，那麼前面所述的所有條件都將沒有

任何意義。因為個案研究者必須事前對要研究的問題進行深入的了解，所以他們很容易形成先入為主之見（*Becker,* *1958, 1967*）。相比之下，傳統的研究方法雖然有些機械和馬虎，但極少會把個人的偏見引入研究之中。

　　檢查是否會出現偏見的一個方法，是看你對相反的研究結果接受程度有多大。如研究者在研究「非營利」組織時，也許會驚訝地發現，有些組織非常注重資本收益，完全是以營利為目的。假如這個發現確實基於堅實的證據之上，那麼個案研究的結論就要反應這個事實。要測試自己對於相反研究結果的容忍與接受程度，需要把初步可能出現在證據蒐集階段的研究結果，向你的同僚彙報。同僚會提供一些可能完全不同的解釋，並提出某些建議。如果他的解釋引起你的辯駁，那麼你可能已經持有某種偏見了。

為進行某一特定的個案研究而接受訓練、進行準備

　　研究者之所以需要接受蒐集資料的訓練，是因為每個個案研究者都必須能夠像「資深」研究者那樣蒐集資料。一旦你開始資料蒐集工作，就必須把自己看作一個獨立的研究者，不能再依賴任何工作手冊或教條來指導。你也必須對蒐集到的資料，進行明智的判斷。

　　從這個意義上來說，對研究者的訓練工作應該在界定問題、設計研究方案階段就開始。如果上述兩個步驟進展

順利，那麼接下來只需進行短暫的訓練就可以了，尤其是當只有一個研究者時更是如此。

然而，事實往往並非如此；個案研究常常會因為以下原因而需要多個研究者（研究課題中，研究者的數目對於個案研究的整體方法會產生很大影響。如果該專案的負責人只有一個，那麼他常常根據蒐集過程中出現的新情況、證據分析過程中出現的新模式等，快速、本能、創造性地調整研究方法、節奏、框架等。然而，如果該項目有多個研究者共同負責，那麼為了保持研究小組各成員之間的一致性，某個研究者的創造性將受到壓制。但是，多個研究者共同負責某一專案的好處在於，它能夠最大限度地減少個案研究中的偏見）。

- 即將開始的研究雖是單個案研究，但卻需要同時蒐集多個採樣點上的資料，因此需要多個研究者（見專欄 14）；
- 進行的是多個案研究，需要不同的研究者同時蒐集不同節點上的資料，或者輪流蒐集不同節點上的資料；
- 或者同時出現以上兩種情況。

【專欄14】田野調查的後勤管理

在「管理」個案研究時，安排研究的進程及採用合理的方法蒐集相關證據，是十分重要的一環。一些當代的學者可能會認為，研究活動的後勤管理工作只是在20世紀60～70年代才出現的新事物。

然而，個案研究的許多管理與後勤保障技術，在一個世紀之前的一項經典研究中就已經出現了。兩個研究者和他們的助理在所要研究的城市設立了一間辦公室，在其他時間，這間辦公室也供其他研究項目使用。借助這間辦公室，兩位研究者及其助理成功地融入了當地的日常生活，以此為據點查閱文獻資料，編輯統計資料，進行訪談、分發和接收調查量表。經過五年的密集研究，羅伯特和海蘭・林德（*Robert & Helen Lynd, 1929*）出版了堪稱有關美國小鎮研究經典之作的《中鎮》（*Middletown*）一書。

而且，研究團隊中有些成員可能沒有參加問題界定和研究方案設計兩個環節。當出現這種情況時，在蒐集資料之前，就必須對參與研究的所有成員進行訓練，增加他們各方面的準備。

透過專題研討進行訓練

當需要對多個研究者進行培訓時，專題研討比死記硬背手冊更能快速達到提高研究技能的目的。這是因為專題

研討會不但注重研討活動本身，而且還要求大量地閱覽相關文獻，進行充分準備。在大多數情況下，研討會需要至少一週的時間來準備及進行研討（表3-1是一個個案研究培訓的議程安排）。

一般來說，專題研討會的內容涵蓋個案研究的各個階段，包括了解研究對象、分析個案研究設計的理論架構以及個案研究採用的方法和技術。培訓的目的是讓所有的參與者都理解相關的基本概念、術語、方法論及與研究相關的其他問題。透過培訓，每個研究者都應該知道：

- 完成這個研究的目的是什麼？
- 為完成這個研究，需要蒐集哪些證據？
- 可能會出現哪些變動（如果真的出現這些變動，該怎麼應對）？
- 哪些證據能證實某一特定理論假設，哪些證據能推翻某理論假設？

在專題研討會中，能讓參與者達到理想水準的活動不是演講，而是討論。

用專題研討的方法，進行個案研究的培訓與進行其他研究方法的培訓，如對調查人員的培訓，又有所不同。調查培訓也要涉及討論，但其培訓重點在於調查量表所涉及的術語、用語，培訓是密集式的，所需要的時間很短。除此之外，這種培訓也不會涉及整體性或理論性的問題，接受培訓的調查人員只需要理解調查量表的機制，而不需要深入了解調查研究的整個過程。調查培訓也極少涉及有關

表 3-1	個案研究的培訓方案

I. 個案研究的目的和需要研究的問題（進行實質性討論）
II. 對可供研究的眾多個案進行評估、篩選，審查個案的提名與篩選程序（檢查用於篩選個案的草案）
III. 個案研究的日程安排（確定最後期限）
   A. 準備階段
   B. 安排所要調查的地點（發給受調查者的確認函樣本）
   C. 實施調查
   D. 後續活動（發給受調查者的感謝函樣本）
   E. 準備撰寫個案研究報告
   F. 把個案研究報告的初稿提交給受調查者，請他進行確認（請求其確認的信函樣本）
IV. 討論個案研究草案
   A. 討論相關的理論框架及既有文獻
   B. 如果需要，制訂或評估研究的邏輯模式（樣本）
   C. 深入討論個案研究草案的主要議題（討論草案中主要議題的重要性，以及與每一議題有關的證據）
V. 勾畫出個案研究報告的概要（標出研究報告的要點，列出每一個可能的大標題）
VI. 方法提示
   A. 田野調查的程序（討論方法原則）
   B. 使用證據（檢查證據的類型，並使之支援論點）
   C. 記筆記，或者採用其他田野調查方法
   D. 其他有關問題
VII. 閱讀材料
   A. 個案研究報告的樣本（從其他相關研究中查找研究報告的樣本，評估這些樣本的成功處與不足之處）
   B. 查閱重要的書籍或論文（確保這些前期研究中的獨到之處都不被遺漏）

研究對象的其他文獻材料，接受培訓的調查人員不關心他們蒐集到資料之後，在研究的後期階段如何分析、處理，也不關心研究的問題到底是什麼。理想的調查人員應該僅僅關注調查量表中所羅列的問題。透過以上比較可以看

出，個案研究培訓遠比調查培訓複雜得多。

制訂研究草案

接下來的部分，要討論個案研究草案的內容。個案研究培訓的一個重要組成部分，就是讓所有研究者共同參與制訂個案研究草案。

個案研究培訓活動的一個主要目的，就是制訂個案研究草案。每個研究者都要分配一部分實質性的研究課題，並負責檢索與這部分有關的前期研究成果，以此為基礎，補充新的資料，起草與該部分任務有關的個案研究草案。在專題研討會中，整個小組的全體成員都要一起進行討論，對其他研究成員的研究草案進行評估。這類活動不但能使研究草案變得更完善，而且能夠透過參與制訂而使每個成員都熟悉整個研究草案。

如果個案研究小組的成員並未參與制訂研究草案，那麼培訓課程中應加入學習、討論研究草案的內容。研究草案的各個方面，包括實質性和程序性的內容都要進行討論，如果需要，可對已制訂的研究草案進行修訂。

發現問題

培訓的另一個目的，是發現研究設計中的問題，並考察研究團隊是否具備研究的能力水準。如果發現研究設計確實存在問題，或者發現研究團隊有些成員不稱職，你應

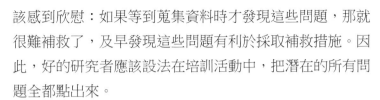

該感到欣慰：如果等到蒐集資料時才發現這些問題，那就很難補救了，及早發現這些問題有利於採取補救措施。因此，好的研究者應該設法在培訓活動中，把潛在的所有問題全都點出來。

　　培訓中最可能出現的問題是發現個案研究設計存在的缺陷，或者是發現對所要研究的問題界定不夠清楚。如果出現這種情況，你必須對原有的研究設計進行修訂，儘管這會浪費一些時間和精力。有時，這種修訂甚至會對研究的目的形成挑戰。如某研究的初衷是分析某一技術現象，如個人電腦的應用，但最終的個案研究方案卻變成了對組織行為的分析。不管怎樣，只要更改了研究設計，就要再次檢索相關的先期研究文獻，重新制訂研究計畫，並保證通知到參與研究的其他相關人員。如果能在培訓中發現原有研究設計的不現實之處（或冗餘之處），那麼這次培訓也很有價值。

　　培訓階段可能出現的第二個問題，是發現研究團隊之間的不相容性──某些研究人員可能與專案主持人的研究理念不同，不認可既定的研究設計。如在一個有關社區組織的多個案研究中，研究者們對於組織的效益具有不同的看法（美國全國社區工作委員會，1979）。當發現研究人員心中存在很深的成見，且互不妥協時，一個處理辦法是告訴研究者，如果能夠找到有力的證據，那麼他們的想法都將受到尊重與承認。當然，研究者也可選擇繼續進行研究，或是退出研究專案。

　　培訓階段可能出現的第三個問題，是發現原有的研

究設計對研究的最後期限或研究資料來源抱有不切實際的期待。如某個個案研究可能假定要以自由、開放的方式訪談二十個對象，但要完成如此多的訪談，將花費比原定計畫長得多的時間。在這種情況下，如果仍想訪談二十個對象，那就要修改原定的資料蒐集進度表。

最後，培訓活動也可能發現一些正面的、積極的特徵，如發現兩個或多個研究人員之間形成良好的、有利於研究工作的默契夥伴關係。在培訓階段出現的這種親密關係很可能會延續、擴展到資料蒐集階段，也可能有助於研究人員的最適化組合。但一般來說，培訓應以形成蒐集資料的群體工作規範為主要目的，這種形成規範的過程比形成親密的夥伴關係更重要。如果形成了蒐集資料的工作規範，那麼在蒐集資料的過程中出現預料不到的情況時，所有的研究人員都將會互相支持，共同應對複雜的情形。

個案研究草案

個案研究草案與調查量表的唯一相同之處，在於它們都是指向單一資料點，或者從單個案研究（或者該個案是複雜的多個案研究中的一個組成部分）中蒐集資料，或者從單一受訪者那裡蒐集資料。

除此之外，個案研究草案與調查量表之間沒有任何相同之處，前者複雜得多。首先，個案研究草案包括工作內容、工作程序以及實施個案研究草案的原則。其次，個案

研究草案研究的對象與調查量表完全不同。第三，不管在什麼情況下，制訂研究草案都有助於進行個案研究，尤其是進行多個案研究時，幫助會更大。

個案研究草案是增加個案研究信度的一種重要手段，目的是指導研究者透過單個案研究（複雜的多個案研究可以分解為多個單個案研究）蒐集證據。表3-2是一個研究的例子，用於研究執法措施的改革。此執法措施的改革是在美國聯邦的資助下進行。在此之前，研究者透過篩選程序界定了要研究的執法措施（詳情請參見本章「篩選個案研究對象」一節）。另外，由於需要從多達十八個個案中蒐集資料，因此在某一特定個案上無法蒐集過多的資料，對每個個案所能提出的問題也就不多。

一般來說，個案研究草案應包括以下內容：

- 對個案研究項目進行審查、評估（研究專案的目的及其前景、需要研究的議題與研究議題相關的研究成果等）：
- 田野調查的程序（調查時需要出示的介紹信、接近訪談對象的方法、證據的主要來源管道、應遵守的程序）；
- 需要研究的問題（研究者在蒐集證據過程中必須牢記的特定問題、資料的呈現形式、能夠回答特定問題的證據來源管道。參見表3-3）；

表 3-2	有關執法措施改革的研究草案內容

A. 介紹所要進行的個案研究及個案研究草案的目的

A1. 研究的問題、假設理論及中心論點

A2. 個案研究的理論架構（邏輯模式）

A3. 個案研究草案對於研究者的指導作用（注意到研究草案是研究者進行調查研究的標準程序）

B. 資料蒐集程序

B1. 需要訪問的地點，包括相關人員

B2. 資料蒐集計畫（包括訪問的日期安排，每個訪問地點所要花費的時間、投入的精力等）

B3. 訪問之前所必須進行的準備工作（列舉出需要研究的特定文獻資料，及這些資料保存在什麼地方等等）

C. 起草個案研究報告的大綱

C1. 目前正在實施的執法措施

C2. 執法措施的革新之處

C3. 到目前為止執法措施的效果

C4. 與執法措施有關的執法環境及歷史背景

C5. 附錄：訪談的記錄表、研究中用到的特定邏輯模式、相關的研究文獻、受訪人員列表

D. 個案研究的問題

D1. 當前的執法措施及其創新之處

a. 詳細描述當前執法措施及其性質、聯邦政府的補助

b. 為了實施新的執法措施，社區及司法機關採取了哪些措施、共同付出了哪些努力（如果有的話）？

c. 當前的執法理念是如何形成的？

d. 當前的執法措施是否經過周密的計畫？進展情況如何？這個執法措施最初是針對哪一個人口群體或區域的，最初目的是什麼？

e. 與同一司法行政區的其他執法措施相比，該執法措施有何不同？

f. 在聯邦政府的資助結束後，這個執法措施的後續情況怎麼樣？

D2. 評估

a. 評價執法措施的方案是什麼？由誰進行評估？

b. 曾經執行過什麼樣的評估活動？

c. 採用什麼樣的效果評估方法；到目前為止，得出什麼結論？

d. 在解釋執法措施的實施效果與聯邦資助之間的關係方面，曾經進行過哪些探索，得出何種結論？

表 3-3	個案研究草案中研究問題範例

描述學校中兩年以前所實施，旨在提高教學品質的一項措施。這項措施的名稱是什麼？

A. 把有關這個措施的相關問題放入邏輯模型中，把這些問題按時間順序排列，解釋它們之間的因果關係。

B. 蒐集資料，看這些措施在某段時間之內，提高了哪些方面的學校工作，例如：

統一有關人員對教學目標的認識

提高教育標準，加強學術要求

提高教師的教學技能

促使家長積極關心子女的學業成長

學生學業水準有所提高（如積極選修某一特定學科、出勤率或者競賽成績有所提高等）

· 指導撰寫個案研究報告（個案研究報告的大綱，證據、資料的呈現形式，其他記錄材料的使用和呈現、研究者的簡介等等）。

　　只要稍微瀏覽一下個案研究草案的內容，你就會明白它是多麼重要。首先，它能使你的研究活動鎖定在研究對象上。其次，制訂研究草案將迫使你對相關問題，包括個案研究報告的撰寫方式等，進行深入思考。這意味著，你必須在進行個案研究之前就思考研究報告的閱讀對象。從長遠看，這些思索將會避免你在研究過程中出現重大失誤。

　　表3-2中的個案研究草案顯示出個案研究報告的另一個重要性質：報告的大綱始於描述要研究的執行措施（見表3-2中的「C1」），最後才描述執行機構的情況以及與執行措施相關的歷史背景（見表3-2中的「C4」）。這種安排反應出這樣一種事實：大多數研究者在歷史和背景材料方面投入了過多的精力（在研究報告中描述得也最

多）。儘管這些都是非常重要的，但研究的對象，在本個案中指執法方式的創新才是研究的重點，應給予更多的注意。

下面分別討論個案研究草案中的各個部分：

個案研究專案概要

個案研究專案的概要應包括專案的背景情況以及與研究課題相關的文獻。

每一個研究項目都有其特定的歷史背景和前後關聯。如某些研究項目是由政府機構資助，有其特定的任務、特定的客戶群，在研究中需要對此保持關注。另外，一些研究專案更注重理論，或者是某些研究課題的延伸。不管是哪種情況，這些背景情況都要在概要這個部分進行簡要地評述。

在背景部分還要納入一個針對相關人員的聲明，這些人員包括想了解此研究的人員、研究中可能會涉及的人員及這個研究的贊助者。如果需要，還可以在該聲明的下面附上一封給受訪者和受訪機構的介紹信（表3-4是一封介紹信的樣本）。然而，概要部分的主體應該是你要研究的實質內容。這包括篩選個案的原則，需要驗證的假設理論，該研究的理論價值及其對於公共政策可能產生的影響等等。在進行概要時，要列舉、引述以前已經完成的研究文獻，並保證研究小組中的所有成員都能拿到這些前期研究文獻。

表 3-4　　介紹信樣本

全國社區工作委員會
2000K 大街 N. W. 大廈 350 號

華盛頓特區，郵遞區號 20006

電話：202-632-5200

有關機構或人員，

　　XX 先生是一位在社區復興和社區組織方面具有豐富研究經驗的學者，他受聘於全國社區工作委員會，參與研究計畫。該小組將針對四十至五十個個案進行研究。

　　全國社區工作委員會希望透過個案研究回答以下問題：在公眾態度、投資政策（包括公共投資和私人投資）等外部環境不利的情況下，如何才能繼續保持社區繁榮？怎樣才能使社區保持活力？如何增加社區的人口數量？社區振興的前提條件是什麼？如何形成有利於社區復興的大環境？

　　本介紹信將針對社區領袖、管理人員及城鎮官員。我們懇請您拿出寶貴的時間、經驗和耐心，接受我們的採訪。您的合作，對於這個研究的順利進行極有助益。研究結果將提交給總統和國會，為未來的政策改革提供建言。

　　謹代表全國社區工作委員會的二十名專家，感謝您的合作。如果您希望得到我們寄送的研究簡報和最終的研究報告，我們的訪談員將會很高興地為您安排。

　　再次誠摯地感謝。

社區工作委員會主席
約瑟夫・F・蒂米奇參議員

（簽名）

　　好的研究概述應能夠向那些有概念的讀者（如熟悉該項研究內容的人員）介紹研究的目的和內容安排。其中一些材料（如研究方案的簡單描述）也可以用於其他目的，所以對前期研究進行回顧、概述就具有雙重目的。同樣道

理，資料豐富、用語恰當的概述可能為最後的研究報告中「背景」和「引言」部分的撰寫奠定一個厚實的基礎。

實地研究程序

第1章已經討論過，個案研究的特徵是在不脫離現實生活情境下，對事件進行研究。這個特性對於個案研究設計具有重要意義，這在第1、2章中也已有所討論。

然而，對於蒐集資料來講，個案研究的這個特性也引發出一個重要問題，必須精心設計蒐集資料的實地研究程序。你必須在研究對象的日常生活和日常工作中蒐集資料，而不是在嚴格控制的實驗室、安靜的圖書館中進行。你也沒有嚴格的調查量表來約束受訪者的行為。在個案研究中，你必須學會把真實世界中的真實事件，與蒐集資料的方案結合起來。因此，你無法控制資料蒐集環境，而第1章中所討論的其他研究方法，卻可以對資料蒐集的環境進行控制。

在實驗室實驗中，被試者進入實驗室的環境幾乎全部被研究者所控制。受試者在倫理約束、物理條件的控制下，必須遵從研究者的指示，根據指令做出反應。同樣，採用調查量表進行統計時，受訪者一般也不會偏離調查量表所列舉的問題，他們的行為也受到研究者事先設定的基本規則所約束（當然，如果受試者和受訪者不願遵從研究者的指令，他可以自由地退出實驗或調查）。最後，在採用歷史法進行研究時，研究者可能無法隨時拿到相關的歷

史文獻資料。但他可以按照自己的節奏，在自己方便的時候去查閱。在以上三種情況下，研究者基本上都可以控制資料蒐集活動。

但個案研究所面臨的環境完全不同於以上三種情況。為了採訪關鍵人士，你必須配合他們的日程安排表，而不是按你的日程表進行採訪。採訪的性質也是很開放、自由的，受訪者不一定完全合作，可能不回答你所提出的問題。同樣，在進行日常觀察時，你是闖入受訪者真實生活的不速之客。在這種情況下，你必須對自己的行為做出調整，以顯得像個觀察者（甚至是參與性觀察者）。因此，在個案研究中，受到約束的應該是你的行為，而非受訪者或被觀察者的行為。

由於個案研究的資料蒐集與其他研究方法的資料蒐集程序有所不同，因此在安排個案研究的資料蒐集活動時，必須詳細計畫，儘可能設想各種可能出現的情況，並設計好應對措施。如果你是一個準備參加野外露營的少年，由於你不知道將會發生什麼情形，那麼最好的準備就是儘可能齊全地攜帶相關生活必需品。個案研究的實地研究程序與此大致相同。

了解這一點之後，個案研究草案中的實地研究程序就要著重闡明資料蒐集的任務，包括以下內容：

- 聯繫主要機構或受訪對象；
- 攜帶足夠的必需品，包括個人電腦、文具、紙、記事本、供個人記錄資料用的安靜空間；

- 提前制訂在需要的時候向同僚或其他研究者求助的程序；
- 制訂工作時間表，對一定時期內的資料蒐集活動做出明確的安排；
- 預留出一定的時間，以應付突發事件，如受訪者日程的變化，或者供研究者自己調整心態、改變思路等。

以上這些是個案研究草案中實地程序部分可能涵蓋的內容。具體詳細的實地程序應根據個案研究的性質、內容而相應調整。

實地程序設計得越具有可操作性，對資料蒐集活動的助益就越大。在此僅舉一個很小但很重要的例子。個案研究的資料蒐集活動，往往就像實地記錄下大量的文件檔案，搬運大量的文件檔案往往給研究者造成不便，為減少這種不便，可以採取兩種方法：第一，個案研究小組可以多準備一些大的、貼好標籤的信封，以便他們能透過郵局把這些文件寄回研究基地，減少搬運、攜帶的不便；第二，在資料蒐集的日程中預留出一定的時間，讓研究者能仔細研讀檔案，找出其中有用的文件，利用當地的影印設備加以影印，然後把全部文件退還給所有者。這些細節安排，能夠提高資料蒐集的品質和效率。

需要研究的問題

研究草案的核心是一系列能夠反應出實際研究概況的

問題。研究草案中的問題與訪談調查中的問題有兩大不同之處（表3-3是某個有關學校改革的個案研究草案中的一個問題，整個研究草案包括幾十個這樣的問題）。

1. 問題的一般原則

首先，草案中的問題詢問的對象是研究者，而非受訪者。就此意義來講，研究草案與調查量表完全不同。從本質上來說，研究草案中的問題是用於提醒你在資料蒐集過程中的注意事項，以及提醒你這樣做的理由。在有些情況下，研究草案中的問題也可以作為訪談時向訪談對象提出的問題，但是，研究草案中的問題主要目的是讓研究者在資料蒐集過程中不偏離既定的軌道，保持正確的方向。

每個問題的後面應該附上與這個問題有關的資料來源。資料來源包括受訪對象的姓名、有關文件或者觀察記錄。對於蒐集資料來說，在問題與證據的來源管道之間建立起聯繫極為有用。如在進行某一特定的訪談之前，研究者快速流覽一下問題，就可以了解訪談內容（同樣地，這些問題構成了研究的架構，而且不是用來詢問受訪者的刻板問題）。

2. 問題的層級

其次，研究草案中的問題應該反應研究設計的整體內容。這些問題的顯著特徵，可以表現為以下五個層級：

・第一級：要求特定的訪談對象回答的問題。

- 第二級：與單獨個案有關的問題（這些問題就是個案研究草案中要求研究者回答的問題，在這裡，所謂單獨的個案可以是單個案研究中的個案，也可以是複雜的多個案研究中的某一特定個案）。

- 第三級：與多個個案相關的、有關研究模式的問題。

- 第四級：與整個研究有關的問題，如查找個案研究之外的其他證據，納入其他研究成果，從已出版的著作中引用相關資料等。

- 第五級：在研究範圍之外的、與提出政策建議或進行總結、評價有關的問題。

在這五個層級中，第一級和第二級的問題與資料蒐集息息相關（其他三個層級的角色將於下面的章節中詳細分析）。

此外，第一級的問題與第二級的問題差別也很大。由於研究者誤認為他們要研究的問題（第二級的問題）就是他們將向訪談者發問的問題（第一級的問題），結果這兩類問題常常被混為一談。為區別這兩類問題，你可以設想自己是一個偵探，最好是一個老謀深算、經驗豐富的偵探。偵探心中思考的是某罪案可能的發生過程（第二級的問題），但他實際詢問目擊者和嫌疑犯的問題（第一級的問題），卻並不一定要把自己內心的想法全都表露出來。口頭表達出來的問題與心裡想的問題並不相同，這就是第

一級問題與第二級問題的區別。對於個案研究草案來講，清楚明確地提出第二級的問題，遠比試圖提出第一級的問題重要。

　　研究者還應該清楚地理解其他三個層級的問題。如多個案研究中的問題（第三級）可能包括，是否大的學區比小的學區反應更迅速？複雜的官僚結構是否會使大的學區變得更臃腫、更遲鈍？然而，第三級的問題不應該出現在研究草案中有關資料蒐集的部分，因為單一個案只能解釋一個學區的反應靈敏程度。只有多個案研究中各個個案的資料都蒐集完了之後，研究者才能提出和分析第三級的問題。所以，只有在多個案研究中才能涉及第三級的問題。同樣，第四、五級的問題也超出了單個案研究的範圍。在制訂研究草案時，一定要注意這一點。請記住：研究草案是為蒐集單一個案（或者是作為多個案研究中的一部分）的資料而制訂的，它並不能擴展到整個研究計畫中。

3. 其他資料蒐集方法

　　研究草案中的問題也可以用空的「表殼」（table shells，請參見*Miles & Huberman, 1994*）形式出現。「表殼」實質上是一個表格的框架，已經定義了「行」和「列」，但表格中的內容卻是空的。因此，表殼指明了需要蒐集的資料，你的任務就是把表格中缺少的內容填滿。表殼有以下幾個作用：首先，表殼能一目了然地告訴你應該蒐集哪些資料。其次，它使你明白，在多個案研究設計中，相類似的資料將出現在哪些節點上。最後，它還可以告訴你，

一旦完成所有資料的蒐集後，下一步該做哪一項工作。

4. 資料蒐集單位與分析單位的混淆

在界定個案研究草案中的問題時，還會產生另一個更微妙、但更嚴重的問題。該問題也許可以歸為資料蒐集單位的問題。它與個案研究分析單位是不同層次上的不同問題。但是，有些情況下，兩者常常被混淆在一起，導致分析單位出現不需要的變化。

提供資料者可能是單一個人（如對單一個人進行訪談），但個案研究的分析單位可能是某一組織（訪談對象可能隸屬於這一組織），這是常見的研究設計。然而，在這種情況下，很容易出現分析單位與資料蒐集單位混淆在一起的現象。儘管你不得不大量使用透過個人訪談得來的證據，但結論卻不能全部以訪談為基礎（雖然你已經蒐集了大量有關組織的報告，但這些報告不一定都是關於組織中實際發生的事件）。

另一種相反的情況，同樣會引起混淆。你的分析單位是個人，但資料來源可能是組織提供的文件記錄（如人事資料或學生檔案）。在這種情況下，同樣要避免把你的研究結論完全建立在組織機構提供的資料之上。圖3-1列舉了上述兩種分析單位與資料來源單位不同時的情況。

資料蒐集來源

設計		從個人	從組織	研究結論
	有關個人	個人行為 個人態度 個人認知	檔案記錄 其他行為、態度與 認知	如果個案研究 是個人
	有關組織	組織如何運轉 組織為何運轉	人事政策 組織結果	如果個案研究 是組織

圖 3-1　　設計與資料蒐集：不同的分析單位

資料來源：COSMOS 公司

指導撰寫研究報告

　　大多數個案研究草案往往缺少這項內容。研究者尚未完成資料蒐集之前，往往並未考慮研究報告的大綱、呈現形式、面向的讀者群等問題。然而，雖然從表面上看，在實施研究前的準備階段就嘗試撰寫研究報告有些違反先後順序，但是在研究草案中簡單勾勒出研究報告的大綱，卻具有重要的意義（本書第6章詳細闡述了個案研究報告的結構）。

　　其他研究方法都強調傳統的、線性的先後順序。實驗者在完成全部實驗之前，通常並未考慮研究報告的格式，也不考慮研究報告的讀者對象，他們的研究報告通常都刊登於學術刊物上。絕大多數的實驗報告都遵循相同的大綱結構：提出問題和研究假設，敘述實驗設計、實驗器材及資料蒐集程序，呈現蒐集到的資料，分析資料，討論並得

出結論。

　　不幸的是，個案研究報告並沒有可供遵循的、廣為接受的大綱結構。在許多情況下，個案研究報告也並未刊登於學術刊物上（*Feagin et al., 1991, pp. 269~273*）。正因為如此，每個研究者在整個研究過程中，都應該對個案研究報告有所思考。這個問題並不容易處理。

　　除此之外，研究草案還應該對研究報告中的文獻、檔案引用做出規定。一個資料詳實的個案研究，將會引用到相當多的文獻，包括已出版的研究報告、公開刊物、備忘錄以及在個案研究中形成的其他許多檔案。研究完成後，如何使用這些文件資料？在大多數情況下，這些文件資料被堆放起來，束之高閣，乏人問津。但是，這些資料其實是個案研究「資料庫」的重要組成部分（見第4章），即使在該個案研究結束之後，也不應被忽視、遺棄。在個案研究報告中附上註釋、參考文獻目錄，是解決該問題的辦法之一。註釋和參考文獻可以幫助讀者和研究者了解到哪裡去查閱與研究有關的更詳細資料。

　　總而言之，研究草案中應該儘可能包括詳細的研究報告大綱。這將有助於研究者蒐集相關資料，以合適的形式呈現，並降低研究者被迫對同一問題進行補充訪談的可能性。然而與此同時，研究者不應被預先制訂的研究草案所束縛。實際上，個案研究的長處之一就是具有靈活性、伸縮性，如果運用得當且沒有偏見的話，我們鼓勵研究者以初步蒐集的資料為基礎，調整不合適的研究設計。

篩選個案研究對象

　　另一個準備步驟，是篩選那些能夠成為研究對象的「地點」（site）或個人。有時幾乎不需要進行篩選，如你要研究的是獨一無二的個案，它在研究開始之前就已經被確定了，或者由於某種特殊的原因或安排，你早就確定了要研究的對象。然而，在另外一些情況下，你也許要面對許多可以成為研究對象的個案，必須從其中選擇一個個案作為單個案研究的對象，或者選擇一系列個案作為多個案研究的對象。篩選的目的是確保你在進行資料蒐集之前，能確定合適的個案。最壞的情況是，已經蒐集了大量的資料之後，卻赫然發現你選擇的個案不具備可行性，或者選取的個案並不是你所期望的那種類型。

　　如果可供選擇的個案（指單個的研究「地點」、個人或其他實體，這取決於你的分析單位）有二十至三十個，你就必須向熟悉這些個案的人請教，請他協助進行篩選。你也可以蒐集有關這些個案的初步資料，但千萬要注意避免把蒐集資料進行篩選的過程，複雜化為「迷你型」的個案研究。在進行篩選之前，你需要制訂一套具有可操作性的標準，以區分哪些適合作為研究對象的可能個案。接下來，你應從這些合格的個案中，隨機抓取一個或幾個作為要研究的個案。

　　如果備選個案太多，那麼就需要實施兩階段篩選程序。第一階段中，研究者需要借助檔案資料（如關於學校或公司的資料庫），蒐集有關備選個案總體特徵的各項量

化資料。研究者可以從集權式管理機構（如聯邦、州或地方管理機構以及一些其他全國性的組織）中很容易地找到這些資料。拿到這些資料之後，研究者必須訂定某種標準，以便把備選個案的數目大致壓縮到二十至三十個。接下來，研究者再啟動前一段所述的篩選程序，確定所要研究的個案。

完成篩選程序後，研究者還需要回過頭來再審慎考慮一下自己先前預定的研究個案數目。如果在通過各種篩選後，可供選擇的個案仍然有多個，那麼這將給以後的研究提供轉圜的餘地。

試驗性研究

資料蒐集準備階段的最後一步，是選取其中的一個個案進行試驗性研究。選擇試驗個案的標準與選擇實際個案的標準是不一樣的。如參與試驗的受訪者不是非常友好、平易近人，就是受訪地點與研究者所處的地理位置非常接近、便於實施試驗性研究，或是該個案能提供大量的文件檔案和資料。當然，也可能挑選出來成為試驗性研究的個案比真實進行的個案更為複雜，能夠在試驗過程中暴露實際研究中可能遇到的所有問題。

試驗性個案研究能夠在資料蒐集的程序和內容方面提供寶貴的經驗，研究者可以據此修正蒐集資料的方案。因此，試驗性研究與其說是一次預考，不如說是一次測試。

試驗性個案研究更注重透過實驗發現問題，幫你彌補不足之處，有時甚至幫助你更清楚地了解某些概念，或者修改研究設計。相比之下，預考則可以視為「盛妝彩排」。在彩排過程中，研究者必須完全忠實於預先制訂的資料蒐集方案，不容許進行任何變通。

由於試驗性個案研究具有非常重要的作用，因此，在正式蒐集資料之前，研究者一定要在試驗性個案上付出比其他環節多許多的精力。正因為如此，下面幾個問題，如試驗性個案的選擇、試驗性研究的性質、試驗性個案研究報告的性質等等，就顯得極有探討的必要。

選擇試驗性個案

一般來說，便利性、可接近性和地理上的相近，可作為選擇試驗性個案的標準。這可以使研究者與試驗對象之間，建立比真實的研究更和諧、更融洽的關係。試驗性研究就像一個「實驗室」一樣，使研究者能夠從不同角度、採用不同的方法觀察試驗對象的各個方面，了解可能出現的各種現象。

一項有關地方服務機構中技術改革的研究（*Yin, 1979, 1981*）採用了七個試驗個案，每個個案代表一種不同的技術改革。其中四個個案位於研究小組所在的城市中，研究者最先完成了這四個試驗性研究。另外三個個案位於另一個城市，研究者隨後完成了對這三個個案的試驗性研究，並以此為基礎建立起另一個研究基地。研究小組之所以選

擇這七個個案，並不是因為其技術多麼與眾不同，也不是因為其他實質性的原因。主要原因除了地理上接近之外，就是因為研究小組提前與這些個案有過私人接觸，便於開展試驗性研究。另外，這七個個案中的受訪者之所以接受試驗，是因為他們覺得研究活動正處於初始階段，還沒有固定的議程，不會對他們造成多大不便。

試驗研究的性質

在試驗性研究中，研究者可以提出比真實的資料蒐集更為廣泛的問題，這些問題可以是與研究內容相關的實質性問題，也可以是與研究方法相關的方法論問題。

在前面所提到的例子中，研究小組採用七個試驗性研究，來提高不同類型個案的概念化水準，分析各種技術對組織機構的影響。研究小組在確定特定的資料蒐集方法之前，甚至在提出有關理論假設之前，就已經開始了試驗性研究。因此，這些試驗性研究暴露了相當多具有重要意義的問題。在進行試驗性研究的同時，研究小組還檢索大量的研究文獻。他們在進行研究設計時，不但吸收了前人的研究成果，而且納入了自己透過試驗性研究得來的實證資料。由於研究小組具有雙重的資料來源，所以他們的研究成果不但回答了與個案有關的問題，而且歸納出有意義的理論，並提出相應的對策建議。

試驗性研究不但可以在研究內容方面提供研究者啟示，而且還可以在研究方法方面給研究者提供經驗。在前

述的例子中，研究者遇到了一個重要問題：首先觀察技術改革的實施過程，還是首先蒐集與組織機構有關的資料？與這個問題相關的是如何配置研究人員：哪些任務需要小組成員協同作戰？哪些任務需要小組成員單獨完成？在試驗性研究中，研究人員反覆試驗了各種組合。汗水沒有白流，他們最終摸索出令人滿意的資料蒐集方案。

撰寫試驗性研究報告

雖然閱讀試驗性研究報告的人，只能是研究者本人，但是研究者也應該把試驗性研究的心得體會，以書面文字的形式表述出來。試驗性研究報告即使是以備忘錄的形式出現，也比不形成書面材料要有意義得多。試驗性研究報告與最終的研究報告區別在於，試驗性研究報告必須表明研究設計與實際研究程序之間存在哪些不協調之處。試驗性研究的報告可以圍繞這個內容，分幾個小問題來寫。

如果有好多次試驗性研究，那麼第一個試驗性研究結束後，在報告中要體現出在下一次試驗性研究中，需要在哪些方面進行改善、提高。換句話說，報告中要對下次試驗提出具體的改進建議。如果按照「試驗—改進—再試驗—再改進」的方式，經過多次重複，那麼最後一次試驗性研究的試驗方案，實際上就成了個案研究草案的原型。

總結

　　本章討論了蒐集研究資料的準備程序。根據個案研究範圍的不同——是單個案還是多個案，是一個研究者還是多個研究者等等——蒐集資料的準備程序也有簡單與複雜之別。

　　本章主要討論個案研究者應具備的技能技巧、研究者進行個案研究的準備和培訓、個案研究草案的性質、備選個案的篩選、試驗性研究的目的和作用等問題。雖然每個個案研究設計探討的問題有所不同，但它們都必須視情形需要，來遵從這些研究程序。

　　就像從事其他工作一樣，如果研究者能按照上述程序進行適當的準備工作，必將有助於個案研究的順利完成。因此，我們建議研究者在開始一個複雜的研究項目之前，先從管理的角度進行一個簡單的試驗性研究。成功地完成每一個試驗性研究，將有助於改進研究設計。另外，如果同一研究小組一起完成了多個試驗性研究，那麼成員間的合作將更具效率，更能達到令人滿意的效果。

練 習

1. 描述個案研究者所應具備的技能技巧。

列舉個案研究者所必須具備的幾種技能技巧。你知道哪些人曾做過個案研究？作為個案研究者，他們有哪些長處和不足？他們的長處、不足與你前面所列舉的是否一樣？

2. 透過反思，制訂一個「舊」的個案研究草案。

從本書引述的專欄中挑選一個個案，然後嘗試為其制訂一個研究草案。你的研究草案中涵蓋了哪些問題？回答這些問題，蒐集資料需要遵循哪些程序？

3. 制訂一個「新」的研究草案。

從你們學校的日常生活中選擇某個需要解釋的現象，如為什麼學校近來改變了某些措施，或者你們的系是如何做出有關決策的。嘗試解釋這個現象，並制訂出個案研究草案。你將訪談哪個主管？你將檢索哪些文獻？如果需要的話，你會做哪些觀察、觀察些什麼？這些問題與你要研究的問題是如何關聯在一起的？

4. 對研究者進行培訓。

分析個案研究項目的準備與培訓工作，與其他研究方法（如統計、實驗、歷史研究、檔案分析等）的準備和培訓工作有哪些不同之處？假設你需要和另外二至三個研究者一起從事個案研究，請你制訂一個對他們進行培訓的教程。

5. 選擇一個個案進行試驗性研究。

在實施新研究之前所進行的試驗性研究具有哪些特點？你是怎麼選擇試驗性個案的？你是怎麼實施試驗性研究的？為什麼你選擇了一個個案，而不是兩、三個或更多？

第四章

實施個案研究：
蒐集資料

個案研究的證據可以從不同管道獲得。本章將說明六種主要來源管道：文獻、檔案記錄、訪談、直接觀察、參與性觀察和實物證據。本章的目的，一是簡要介紹這六種來源；二是撇開具體的證據來源，闡述幾個最核心的資料蒐集原則。

1.提供支援的教材

六種證據來源是相互關聯的，即使在同一研究中也可能會使用所有六種資料，因而把六種證據來源放在一起做簡要介紹，對大家會有所幫助。迄今已有大量關於方法論的專著和論文，對每種證據來源進行了深刻、全面的解釋和說明。因此，你需要閱讀這些文獻，如果某種來源的資料對你的研究極其重要，就更需要仔細地查找、選擇和研讀所需要的文獻。

第一，以往有關個案研究資料蒐集工作的指導書可分為三類。一是「實地調查」（*Murphy, 1980; Wax, 1971*）；二是「實地研究」（*Bouchard, 1976; Schatzman & Strauss, 1973*）；三是更廣義的「社會科學研究方法」（*Kidder & Judd, 1986; Webb, Campbell, Schwartz, Sechrest, & Grove, 1981*）。此外，還有涉及到實地研究方案與實施的後勤工作方面的書籍（*Fiedler, 1978*）。雖然其中證據分析技術部分，重點講的不是如何進行個案研究，但它們是個案研究中必須用到的方法。這些文獻操作性強，描述了需要遵循的基本步驟，所以依然有很高的參考價值。但因為年代久遠，這些書可能越來越不容易找到了。

　　第二，近期的論文雖容易查找，但選擇起來較為複雜。當代的文章通常只涉及幾種資料（如單獨訪談、重點的群體訪談以及實地觀察），而不涉及其他來源管道的資料（如檔案與文獻來源），沒有完整地介紹多種證據來源。此外，這些文章不一定適合研究需要，因為它們可能有明顯的實質性或學科性傾向，例如：(1)在診所或主要護理部門的研究（*Crabtree & Miller, 1999*）；(2)專案評估（*Patton, 1990*）；(3)社會救濟研究（*Rubin & Babbie, 1993*）。也有一些文章沒有這種總體的傾向，但它們可能只著重從一種來源蒐集資料，比如實地訪談（*Rubin & Babin, 1995*）、參與性觀察（*Jorgensen, 1989*）或文獻資料（*Barzun & Graff, 1985*）。總體而言，近期的文章專業性更強，很少全面地談到各種研究所需的資料蒐集方法，尤其是鮮有文章能夠把透過交流與觀察手段（即訪談與直接觀察，包括使用錄影帶）進行的資料蒐集，與從文獻和檔案蒐集資料的方法結合起來論述。

　　第三，有的書乍看之下，似乎全面論及了各種研究方法，由於涉及了包括資料蒐集在內的很多話題，因而全書只有一小部分談到了資料蒐集的步驟（Creswell的著作，著於1998年，共十一章，只有一章講資料蒐集；Silverman的著作共二十六章，寫於2000年，只有一章講資料蒐集）。還有一些書確實很全面，也細緻地討論了各項資料蒐集技巧，但它們是作為參考書編寫的，不適合獨立研究者作為指導書使用（*Bickman & Rog, 2000*）。

　　由於以往的方法論文獻與研究者的預期可能存在上述

偏差，顯得零散、雜亂，因此必須克服這些困難，有效掌握資料蒐集的步驟和方法。

2.提供支援的理論

除熟悉各類來源資料的具體蒐集步驟外，你還須注意第2章列舉的，與研究設計相關的一些問題：建構效度、內在效度、外在效度、信度。因此本章把重點放在第二個目的上，即重點討論資料蒐集的三個原則。

這些過去被忽視、這裡將做詳細討論的原則有：(1)使用多種而不是一種來源的資料；(2)建立個案研究的資料庫；(3)組成完整的證據鏈。這些原則對確保個案研究的品質非常重要，如第2章（見圖2-4）提到的，它們將有助於解決建構效度與信度的問題。這些原則適用於所有六種來源的資料，研究中應當儘量遵循。

六種證據來源

這裡討論的是個案研究中幾種最常見的證據來源：文獻、檔案記錄、訪談、直接觀察、參與性觀察和實物證據。但如果將所有的證據來源完整地列舉出來，將會包羅萬象，包括電影、照片、錄影帶；投影技術和心理測試；人類環境學（proxemics）；舉止神態學（kinesics）；「街道」人種誌（"street"ethnography）；生活歷史等（*Marshall & Rossman, 1989*）。

表4-1列示了六種主要證據來源相互對照的優缺點。

表 4-1　六種證據來源管道的優點與缺點

證據來源	優點	缺點
文獻	穩定：可以反覆閱讀 自然、真實：並非因個案研究的結果而建立的 確切：包含事件中出現的確切名稱、參考資料和細節 覆蓋面廣：時間長，涵蓋多個事件、多個場景	檢索性：低 如果蒐集的檔案不完整，資料的誤差會比較大 報導誤差：反應作者的偏見（未知） 獲取：一些人為因素會影響檔案資料的取得
檔案記錄	同上（同文件） 精確、量化	同上（同文件）檔案隱私性和保密性影響某些資料的使用
採訪	針對性：直接針對個案研究課題 見解深刻：呈現觀察中的因果推斷過程	設計不當的提問會造成誤差 回答誤差 記錄不當影響精確度 內省：受訪者有意識地按照採訪人的意圖回答
直接觀察	真實性：涵蓋實際生活中發生的事情 聯繫性：涵蓋事件發生的上下文背景	費時耗力 選擇時易出現偏差，除非涵蓋面廣 內省：受觀察者察覺有人在觀察時，會調整、掩飾自己的行為 費用：人力觀察耗時多
參與性觀察	同上（同直接觀察） 能深入理解個人行為與動機	同上（同直接觀察）由於調查者的控制造成的誤差
實物證據	對文化特徵的見證 對技術操作的見證	選擇誤差 獲取的困難

每種來源各有長短，不同種類的證據來源相互補充。因此，成功的個案研究應努力透過各種來源獲取資料。

文獻

除了對文字出現之前的社會研究外，有人研究了美國低收入社區印刷材料的匱乏狀況，包括學校和公眾圖書館的影像及紙介質材料（*Neuman & Celano, 2001*）。這種貧乏狀況下，探索周邊地區和社區組織（或學校）的研究者可能會發現能夠用作證據的文件來源也很有限，幾乎每個個案研究課題都會使用文獻資訊。文件類的證據資料又可以表現為多種形式。一個完整的資料蒐集方案應充分考慮各式各樣的表現形式，如文件類證據可以呈現為：

- ‧信件、備忘錄和各種公報；
- ‧議事日程、布告、會議記錄等書面報導；
- ‧管理文件：方案、進展報告和其他內部記錄；
- ‧相同研究領域的正式研究與評價報告；
- ‧大眾媒體與社區通訊中的剪報和其他文章。

雖然上述文獻以及其他種類的文獻不一定準確，可能有些偏差，但都是有用的。事實上，使用文獻時應明白它們並非事件的真實記錄，即使是美國國會官方聽證的逐字記錄，也有些許的人為修改——在最終定稿印刷之前，聽證記錄須經過參與聽證的國會工作人員和其他人編輯，但

很少有人意識到這一點。在其他研究領域，如歷史研究，使用原始文件時必須要考慮文獻的真實性。

對個案研究而言，文獻的首要作用是證實透過其他來源獲取的資料。第一，文獻有助於驗證訪談中提到的某些組織名稱及單詞拼寫是否正確。第二，文獻可以提供一些具體細節，檢驗其他資料提供的資訊。如果文獻資訊與其他資料存在矛盾而不能相互印證，我們就需要進一步深入研究。第三，可以從文獻進行推導，例如：如果你注意一下某個文獻的傳送單，就可能會發現某一組織內部通訊網絡的新問題。然而推導的結果未必正確，因此不應把推導作為確定的研究結果，而作為進一步研究的線索。

鑑於文獻的整體價值，它們在個案研究的資料蒐集中發揮著重要的作用。無論使用什麼資料蒐集方案，系統地蒐集有關文獻都是很重要的。如在實地採訪期間，應分配一定的時間，使用當地圖書館和其他資料中心，設法找到並閱讀相關文獻，包括可能已經庫存起來的文獻彙編。這些檢索工作在時間上可以靈活安排，不要和其他資料蒐集活動混在一起，怎樣方便就怎樣進行。因此，沒有理由省略閱讀文獻這一步。在該類型的資料中，報刊報導對某些課題的研究非常適合，如專欄15、16中的兩個課題。

【專欄 15】將個人參與所得的資訊和大量的報刊文獻相結合

　　改善教學條件，尤其是美國都市地區學校的教學條件，已成為二十一世紀的最大挑戰。唐納德·馬科亞當斯（*Donald McAdams, 2000*）做過一個很有趣的個案研究課題，即休士頓、德州的體制如何對有限的財政資源、多元化的學生群體和當地政治機構進行管理。馬科亞當斯三次被選舉為該體系的學校委員會成員，並從四年任期中獲益匪淺。他的文章像是講故事，而不是羅列枯燥的社會現象。同時著作中包括了大量當地報刊文章的參考資料，以檢驗事實真假。研究結果在個案研究中常常應用，很值得一讀。

【專欄 16】使用文件資料重構現實

　　R·N·雅格絲（*R. N. Jacobs, 1996*）展示了兩家不同的當地報刊如何對同一案件的意義從不同視野進行重構。個案是現在大家熟知的公民權案——洛杉磯的羅德尼·金被毆打事件。雅格絲引用這個個案不是為了討論公民權，而旨在說明不同的敘述性重構（來自兩家不同報刊，一家分析了三百七十五篇相關文章，另一家分析了一百三十七篇），會怎樣影響我們對重大突發事件的資訊選擇與解釋。因此，雅格絲的個案也告訴個案研究者要警惕文獻中可能存在的偏差，以及如何應對這些偏差。

需要說明的是，很多人批評個案研究中存在過度依賴文獻的傾向。這或許因為研究者有可能誤以為各種文件，包括文獻方案，都是絕對可信的。但實際上應知道每個文件的撰寫都帶有某些具體目的，面對的是特定的讀者群，而不是專門為個案研究撰寫的。因此，個案研究者是一位代理觀察員，文獻來源的資料反應了力求達到某些目標的團體之間的交流。不斷判定這些目標，你就可以較少受到文獻的誤導，從而更準確、批判性地解釋資料的涵義。有關如何確證文獻證據，包括如何確定文獻實際作者之類等問題，巴森和葛瑞夫提出了很好的建議（*1986, pp. 109~133*）。摩斯特勒和華萊士（*Mosteller & Wallace, 1984*）對作者的考證提供了此類問題量化研究的典範。

檔案記錄

很多個案研究會使用到檔案記錄——通常以電腦檔案與記錄的形式出現，包括以下各種記錄：

- 服務記錄，如關於某一時段內客戶數目的記錄；
- 組織記錄，如某段時間內組織的圖表與財政預算；
- 地圖與圖表，關於某地的地理特徵與布局；
- 名單、名稱與其他相關專案的清單；
- 調查數據，例如人口普查記錄等；
- 個人記錄，如日記、日程表、電話簿。

個案研究可以把這些及其他類型的檔案記錄和其他來源的資訊結合起來使用。但是與文獻資料不同的是，在不同的個案研究中，檔案記錄的重要性各不相同。對於某些研究，檔案記錄非常重要，以至於是全面檢索和量化分析的對象；《個案研究方法的應用》（*Yin, 2003*）第9章有一個完整的多個案研究，對一組重要的檔案記錄做了量化研究。而在另外一些研究中，它們的作用則很小。如果檔案記錄對研究很重要，研究者就必須核實檔案記錄的準確性。有些檔案記錄被高度量化，但數字本身並不能作為精確度的標誌。幾乎所有的社會學家都很清楚，使用聯邦調查局統一的犯罪記錄，或基於其他執法機構犯罪報告的檔案記錄可能會出現哪些錯誤。前面提到一些使用文獻資訊時應當注意的問題，這裡也同樣適用：大多檔案記錄都有一定的目的性，為特定讀者群而記（而不是為個案研究所記）。在分析記錄的有效性與精確度時，必須充分意識到這些情況。

訪談

　　訪談是個案研究最重要的資訊來源之一。由於訪談與調查之間通常有關聯，因而訪談這種考案方法常被質疑。不過，訪談是個案研究不可或缺的資訊來源。訪談看上去不是結構固定的問與答，而只是有大致話題方向的交談。換句話說，雖然你會沿著一條連貫的線索提問，但在個案研究訪談中，實際發問仍然是變動的，而不是死板教條的（*Rubin & Rubin, 1995*）。

　　需要注意的是，這意味著在整個訪談過程中做到：(1)沿循自己的發問線索，就像在個案研究方案中設計的那樣；(2)力爭發問方式不帶有任何偏見，以得到所需要的資訊。如你在提問線索中可能希望知道「為什麼」某一特殊事件會按實際情況那樣發生。然而貝克（*Becker, 1998, p. 58~60*）分析了「為什麼」和「怎麼樣」這兩種問題方式之間的重要區別。他認為前一類問題會引起訪談對象的防衛心理，他比較傾向提「怎麼樣」的問題，認為這是實際談話中詢問「為什麼」的好辦法。由此可見，個案研究的訪談應同時滿足兩個要求：(1)得到所需要的資訊；(2)透過開放式訪談收到「友好」、「沒有威脅性」的提問效果。

　　因此，個案研究中用到的訪談通常是開放性的（譯者註：結合上下文看，開放性訪談應為第一類訪談），訪談中可以向主要訪談對象提出有關某些事件的事實性與觀點性問題。在某些情況下，你甚至可以請求受訪者將他們自己的觀點用事件形式描述出來，作為進一步詢問的基礎。受訪者還可以告訴你，去哪裡找到其他更多的訪談對象和資料。

　　受訪者越是以這種方式提供協助，他們的角色就越像是「資訊提供者」而不是「受訪者」。主要的「資訊提供者」對個案研究的成敗至關重要。他們向個案研究者提供的不僅是關於某一問題的見解，也有相關與相反的資料來源，還會幫助研究者獲取這些資料。一位名叫多卡（Doc）的人在著名的《街角社會》個案研究中，就發揮了重要的作用（*Whyte, 1943/1955*）。類似地，在其他個案研

究中也有重要的資訊提供者。當然，也應避免過度依賴資訊提供者，尤其是避免他們可能對你產生的人際影響性因素，這種影響通常是很微妙的。為避免掉進這個陷阱，要多使用其他資訊來源，與資訊提供者的觀點相佐證，而且儘可能仔細地尋找相反的資料來檢驗。

第二類訪談是有重點的訪談（*Merton, Fiske, & Kendall, 1990*）。受訪者接受採訪的時間很短，如一小時。這類訪談中，訪談者可能也會保持開放的談話風格，但更可能按照個案研究方案中的一組問題發問。

如這類訪談的主要目的之一，可能僅僅是證實你已確定的一些事實（不再問其他廣泛的、開放性的問題）。在這種情況下，具體問題必須措辭嚴謹，顯示對這個問題一無所知，這樣有利於受訪者做出獨到的評論。相反，如果你提出一些引導性問題，就很難達到透過訪談去證實事實的目的。即使這樣，如果不同的訪談對象總是提供相似的觀點，你就需要注意不同被訪對象的觀點能否互相印證、前後一致。

當採訪「封閉式」機構的成員時，如毒品禁用項目的社區居民參與者，或在結構嚴整的學校任職的教師，可能會得到如此一致的回應。很顯然這其中有虛假的成分，因為所有受訪者都清楚什麼樣的答案會「得到社會認可」，並似乎提供了有力的證據，而實際上他們不過是重複著對所在機構的讚揚。如果出現這種情況，那就需要進一步提問，一個辦法是有意識地向持有不同見解的人詢問，來檢查連續事件的序列是否正確。如果其中有一位訪談對象沒

有發表任何觀點，那麼即使其他人的描述是一致的，在描述結果的時候，仍需要說明有一個受訪者對此問題沒有提供答案。優秀的記者都是這樣進行描述的。

第三類訪談要求所提問題有一定結構、規範，遵循正式調查方案中的思路。這類調查可以設計成個案研究的一部分，得出的量化資料作為個案研究的部分資料（見專欄17）。如果個案研究的對象是一項城市設計專案，調查了參與該專案的設計人員（Crewe, 2001），或者透過調查職工和經理來研究某個組織，都可能會用到此類調查。與常規調查相比，這類調查運用相同的抽樣步驟和研究手段，採用類似的方法去分析，不同之處在於，相對於其他的證據來源，調查結果的作用不同。如居民如何看待居住地狀況，是改進還是退步了。這些看法不一定能夠衡量居住地狀況的實際變化，但能作為對居住地進行總體評估的一部分。

【專欄 17】 包含調查的個案研究

漢娜（Hanna, 2000）使用包括調查在內的各種來源的資料，進行一項關於城鄉下水道設施的個案研究。此類設施有相關的資源管理綜合計畫，解決環境規劃和經濟規劃問題。這項個案研究關注的是下水道設施，包括對設施的描述以及與相關的政策和公眾參與情況。在個案研究中，決策過程的參與者被作為一個嵌入式分析單位。漢娜調查了這些決策者，調查資料經檢測整理出來，構成單個案研究的一部分。

總之，訪談是個案研究資料的一個重要來源，因為很多個案研究都是關於人的研究。特定的受訪者能說明並解釋人們所做的事情，見多識廣的受訪者還可以為特定情景提供一些重要的見解。他們有助於研究者快速了解這個情景的早期情況，找到相關的資料。但是訪談僅僅是口頭陳述，因此免不了一些通病，如存有偏見、描述不清、發音不確切。有效的做法是將透過訪談得到的資料，與從其他管道獲得的資料結合起來。

　　關於訪談的一個常見問題是要不要錄音。使用錄音設備在某種程度上只是一種個人偏好。錄音帶比起其他方法，在準確性上的優勢顯而易見，但有些情況下不宜使用錄音設備，如：(1)受訪者不同意，或者在錄音時表現得很不自然；(2)缺少轉錄和系統地去聽電子記錄的具體計畫，這個過程須耗費大量的時間和精力；(3)研究者不能熟練使用錄音設備時，會干擾採訪的正常進行；(4)研究者認為，有了錄音就不必仔細地聆聽整個採訪過程。

直接觀察

　　親臨現場進行調查，為個案研究提供了直接觀察的機會。如果要研究的某種現象並未完全成為歷史，或者相關的證據尚未完全湮滅，那麼觀察相關的歷史遺存和環境條件，可以為個案研究提供另一種證據。

　　作為資料蒐集活動的觀察，可以比較正式，也可以比較隨意。如果很正式，觀察計畫可以擴展為個案研究設計

的一部分，要求現場操作者在一定的時間實地測量某些行
為的發生率（見專欄18）。觀察對象包括會議、人行道上
發生的事件、工廠的勞動、教室內的教學等等。如果不是
很正式的直接觀察，則可以在實地訪問期間穿插進行，有
時還可以同時蒐集其他資料，比如訪談資訊，如辦公大樓
或辦公室的條件，可以反應一個組織的氛圍和財政狀況。

【專欄 18】結合正式觀察與其他方法，為個案研究獲取質性和量化資料

個案研究不要局限於某一種來源的資料。實踐證明，成功的個案研究往往使用多種來源的資料。

使用多種證據進行個案研究的一個例子是格羅斯和他的同事（*Gross et al., 1971*）撰寫的《組織創新的實施》（*Implementing Organizational Innovations*），書裡講的事情都發生在同一個學校。該個案研究包括一個觀察方案：測量學生用於不同任務的時間；一項大規模的教師調查，調查的結構比較固定；一項小規模，對關鍵人物進行的開放性訪談；一份組織文件的總結。觀察和調查的資料構成學校態度與行為的量化資訊；而開放性訪談與檔案資料構成質性資訊。

把各種資料綜合起來進行總結分析，促使個案研究的結論不單一取決於量化或質性資料，而是建立在彙集各種不同資訊的基礎上。

類似地，受訪者辦公室的位置和裝備能反應受訪者在組織中的地位。

觀察性證據通常能為研究課題提供附加資訊。例如：如果要對一項新技術做個案研究，那麼觀察這項技術的應用，將會有利於理解技術的實際使用情況和潛在問題。類似地，對一個鄰近地區或一個組織的觀察能為理解研究背景和研究對象開拓思路。既然觀察至關重要，也許需要在個案研究現場拍攝一些照片，這些照片至少有助於向外來的研究者傳達一些重要的個案特徵（*Babbs, 1982*）。但應當注意，在某些情況下，如在公立學校給學生拍照，則必須在拍照前得到書面許可。

為提高觀察所得資料的信度，不論是正式的還是隨意的，通常的做法是安排幾位而不是一位研究者進行觀察。因此，如果資源允許的話，個案研究的調查應允許調用多位研究者。

參與性觀察

參與性觀察是觀察的一種特殊形式，這時你不單純是一個被動的觀察者，而是在個案研究的情景中擔當不同的具體角色，可以實際參與所研究的事件。在城市地區中這類角色各式各樣，從與各種居民的非正式接觸，到在鄰近地區內部參與具體活動，都發揮著一定的角色作用（*Yin,1982a*）。在鄰近地區或組織中進行不同的參與性觀察研究，包括以下的角色：

- 成為所研究地區的一個居民（見專欄19）；
- 在鄰近地區做一些社會服務工作，比如做商店老闆的助手；
- 成為組織中的工作人員；
- 成為組織中的重要決策者。

【專欄 19】 對「街角社會」附近區域的參與性觀察

參與性觀察常用於城市地區的研究。一個有名的例子是《都市村民》（*The Urban Villagers*）的作者哈勃特‧甘斯（*Herbert Gans, 1962*），研究了「美籍義大利人生活中的群體與階層」。

甘斯在著作中用單獨的一章介紹了他的研究方法，即「本研究使用的方法」。他的資料蒐集工作使用了六種方法：使用鄰近地區的設施、參加會議、與鄰居和朋友的一般性會面、正式和非正式的訪談、使用消息提供者、直接觀察。在所有證據來源管道中，「參與發揮了最大的用途」（*pp. 339~340*），甘斯本人和他的妻子都是該研究中鄰近地區的實際居民。研究結果得出一個經典結論：鄰近地區生活受到城區擴展和變化的影響，這與懷特在《街角社會》的研究結果截然不同，懷特的研究結論是鄰近地區很穩定。

在對不同的文化群體、社會群體的人類學研究中，經常用到參與性觀察這種方法。它也可以用於日常生活中，

如大型組織（見專欄20，又見專欄15）或非正式的小團體。

【專欄 20】日常情景中的參與性觀察研究

　　埃里克・雷德曼（*Eric Redman, 1973*）有名的個案研究《立法藝術》（*The Dance of Legislation*），以局內人的角度敘述了國會的工作程序。該研究追根究柢地調查了1970年第九十一屆國會期間，將「建立國家健康服務隊」議案提出並通過立法的過程。

　　雷德曼寫這本書有得天獨厚的優勢——他是國會議員沃倫・G・馬紐松（*Warren G. Magnuson*）的下屬，而後者是該法案的主要支持者。所以本書不僅文字淺顯易讀，而且對國會的日常運作也有深刻見解——從提出方案到最終通過立法，包括理查・尼克森任總統時即將卸任的議會政治。

　　這些敘述，為在當時情境中進行參與性觀察提供了一個很好的例子。書中所涉資訊只有為數很少的內部人員才能得到。這項個案研究展示了微妙的立法策略，被忽略的委員會文書和提案者的作用，以及政府的立法與執法部門之間的交互作用，都會加深讀者對立法過程的整體理解。

　　參與性觀察為蒐集個案研究資料提供了難得的機會，但也存在一些不可忽視的問題。其最大的優點是，某些研究很難透過其他方式進行科學調查，而參與性觀察使你

有能力深入某些事情的細節和某些群體內部。換言之，對某些研究而言，參與性觀察是採集資料的唯一手段。另一突出優點是，在個案研究中能以局內人而不是局外人的觀點進行觀察。很多人認為，對準確描述研究調查的對象而言，這一點意義重大。最後，將有能力控制一些小的局面，比如召集個案研究中的一群人開會。這種控制只有參與性觀察可以實現，因為其他方式，如在文獻、檔案記錄、訪談中，調查者都是被動的。雖然這種控制不會像實驗控制那樣精確，但能夠為採集資料提供更多可選擇的餘地。

參與性觀察的主要問題是它可能會帶有偏見（*Becker, 1958*）。首先，研究者不便以外來觀察員的身分工作，所處的位置、角色有悖於科學研究實踐的要求。第二，參與性研究者認同大家普遍接受的現象，如果所研究的群體或組織缺少支援，研究者可能會提供這種支援。第三，參與活動耗費大量精力，影響觀察活動，結果參與性研究者可能會沒有足夠的時間記筆記，或從不同的角度提問，而這些又是成功的觀察所必需的。第四，如果研究的組織或社會群體解散了，參與性研究者就很難找到合適的時間和地點去參與或是去觀察重大的事件。

運用參與性觀察時必須全面考慮、權衡這些優缺點。在某些情況下運用參與性觀察效果會很好，但在其他情況下可能會損害整個個案研究的可靠性，效果會很糟。

實物證據

　　最後一種證據來源是包括物理或文化的人工製品，即技術裝置、工具或儀器、藝術品以及其他的實物證據。這些實物證據可以作為實地訪問的一部分進行蒐集與觀察，在人類學研究中被廣泛使用。

　　物理性實物證據在越典型的個案研究中用得越少，但一旦運用，實物證據則會成為整個個案重要的組成部分。如研究教學中個人電腦的使用，需要確定它們的實際使用狀況。雖然可以直接觀察電腦的使用，但電腦列印材料等實物證據也是可以得到並加以利用的。學生展示出列印材料作為最終的學習成果，並且保留著列印材料的記錄。每份列印材料不僅展示了該項作業所屬類型，還說明了完成該作業的日期和花費的上機時間。查閱這些列印材料，個案研究者就能更準確地理解整個學期電腦機房的使用狀況，與直接觀察相比較而言，後者只可以在很短的時間內對某地進行實地訪問。

⊙小結

　　本部分介紹了六種常見的個案研究證據來源。必須獨立學習、掌握每種來源的資料蒐集步驟，確保能夠使當地透過每種來源獲得資料。並非每種來源都適用於所有的個案研究，但訓練有素的個案研究者必須熟悉每種資料蒐集方法。如果你的同事具備所需的專業知識和技術，那麼也可以讓他們作為個案研究小組的成員一起工作。

資料蒐集的三大原則

這三項原則有助於最充分、最有效地運用六種證據來源。三項原則對所有的證據來源都適用，如果認真遵循，將有助於解決確保個案研究資料的信度和效度難題。這三項原則是：

原則1：使用多種證據來源

前述幾種證據來源，都可單獨作為某些研究唯一或全部的基礎，實際情況也的確如此。比如，有些研究完全依賴於參與性觀察，而不依賴任何一份檔案；類似地，大量研究依賴於檔案記錄，卻不做任何訪談。

各種證據來源的作用是彼此獨立的，但並不意味著必須孤立地去使用它們。很多人認為，研究者應該選擇一種最適合的或是自己最熟悉的資料蒐集來源及相應方法，這其實是一種誤解。因而研究者在設計新的研究時，通常要意識到兩點：一是確立研究的問題，二是明確研究中首選的唯一證據來源及相應採集方法，比如僅僅運用「訪談」法的局限性。

1.證據三角剖分：使用多種來源蒐集資料方法的合理性

不應提倡在個案研究中單獨使用前述某種來源蒐集資料的方法。相反，好的個案研究應儘量透過多種管道蒐集

資料（研究實例見專欄21、專欄18）。此外，相對於其他研究方法，如實驗法、調查法和歷史研究法，個案研究透過多種方式蒐集資料更為必要。因為，實驗法大多局限於在實驗室測量、記錄實際行為，一般無需系統使用調查資訊或口頭資訊。調查法則相反，強調口頭資訊，而不是對個別行為的測量與記錄。最後，歷史研究法的史實都過於久遠，現在很難找到證據來源，比如，很難直接觀察一個現象，或訪談主要當事人。

【專欄 21】 將個人經驗與大量現場調查相結合的個案研究

全美上下很多人都聽說過「黑德‧施塔德」專案。齊格勒和明蕭（*Zigler & Muenchow, 1992*）研究了它是如何發展為聯邦最重要的專案之一。他們的著作見解深刻，這可能得益於齊格勒從擔任首任該專案主管開始的一系列個人經歷，但也同時建立在實證基礎上。第二，作者做了歷史和現場調查研究，採訪兩百名與「黑德‧施塔德」有關的人。將透過各種來源獲得的資料結合，推導的結論即使不能保證絕對正確，但可以自圓其說。因此，該書不僅可讀性強，還被大量引用。

當然，每種來源蒐集資料方法都應靈活調整、組合，運用多種策略，綜合使用多種管道來蒐集證據。一個典型例子是，歷史研究中對「口頭史料」的發展演進，這種對

傳統研究方法的調整，並未改變個案研究處理多種來源資料的要義，不過其他研究方法改變了，結果可能會很不一樣。

在個案研究中，使用多種來源的資料有利於研究者全方位地考察問題，歷史的、態度的、行為的，但最大的優點在於相互印證，也就是本書已提到的證據三角剖分。因此，如果把個案研究建立在幾個不同但相互確證的證據來源上，研究結果或結論就更準確、更有說服力和解釋力（見專欄22）。

【專欄 22】多種證據共同構成證據三角剖分

巴蘇、迪爾史密斯和古普塔（*Basu, Dirsmith, & Gupta, 1999*）對聯邦政府審計機構即美國會計總署，進行了一項個案研究。研究側重於理論，探討組織的實際工作與它對外界公眾印象之間的關係（結果顯示二者大致吻合）。這項個案研究使用了大量的資料，長期的現場觀察及記錄；對五十五個人進行訪談；對歷史文獻、公眾記錄、管理者的個人檔案和新聞文章的總結整理，這些證據共同形成了穩定、具說服力的證據三角剖分。

巴頓（*Paton, 1987*）討論了評估中四種類型的證據三角剖分，分別針對於：

・不同證據來源（資料三角剖分）；

- 不同的評估員（研究者三角剖分）；
- 同一資料集合的不同向度（理論三角剖分）；
- 各種不同方法（方法論的三角剖分）。

　　下面的討論僅限於四種類型中的第一種（資料三角剖分），它提倡的是從多種管道蒐集資料，並力求驗證同一個事實或現象。圖4-1對兩種情況進行了對比：(1)真正形成了穩定的資料三角剖分（上半部分）；以及(2)在同一個研究中使用多種類型的證據，但這些證據側重論證不同的事實（下半部分）。如果真正形成了證據三角剖分，個案研究的事件、事實就可以相互印證（*Sieber, 1973; Yin, 1982c*）。如果使用了多種來源的資料，但並未真正形成穩

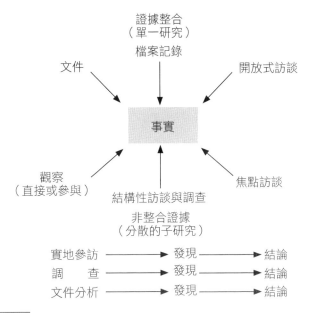

圖 4-1　　多種證據來源的整合與分散

資料來源：COSMOS 公司

定的證據三角剖分，那只算是孤立地分析了每一種證據，但各類證據之間並沒有相互印證。

證據三角剖分中解決了建構效度（construct validity）的問題，因為多種證據來源對同一現象進行了多重證明。正因為如此，學者們對各種「個案研究」進行分析後發現，使用了多種來源資料的個案研究與那些只使用單一來源資料的個案研究相比，總體品質更高，這種情況多得簡直不勝枚舉（見COSMOS, 1983）。

2.使用多種來源資料的必要條件

使用多種來源資料雖然有很多好處，但如前文所述，也會給你帶來很重的負擔。首先，蒐集各種不同來源資料比起蒐集單一來源資料的費用會更高（Denzin, 1978, p. 61）。其次，也是更重要的一點，每個研究者都要知道怎樣運用各種蒐集資料來源的方法。如歷史研究可能需要蒐集分析文獻資料，經濟或經濟運行研究需要檢索、分析檔案記錄，調查研究需要設計並進行調查。無論運用哪種研究手段，如果使用不當，都會影響下一步的研究，或是影響結論的一致性。研究者要掌握多種資料蒐集方法，這就對他們的業務素質及相應的培訓提出了很高的要求。

遺憾的是，很多研究生課程只強調講授某一種來源的資料蒐集方法，即使很優秀的學生也可能沒有機會去掌握其他來源的資料蒐集方法。為克服這個缺陷，你應該利用其他機會來進行彌補。第一個辦法是，去一家跨學科的研究機構工作，而不局限在單一的學術系、所。第二個辦法

是分析各種社會學家的方法論著作（*Hammond, 1968*），從實踐經驗豐富的學者那裡學習各種資料的蒐集手段，並體會其優點和不足。第三個辦法是參與不同的小規模研究，藉此機會練習使用不同的證據蒐集技術。

　　不管我們如何獲得這些經驗和技術，每個個案研究者都應當熟悉各種資料蒐集技術，以確保在一個個案研究中能使用不同來源的資料。如果不使用多種類型的資料，個案研究的優勢就很難體現。

原則2：建立個案研究資料庫

　　第二條原則是關於如何整理個案研究中，蒐集的資料並建立資料庫。這個環節從第1章所介紹的其他研究方法中獲得許多啟示。其他方法蒐集的資料通常分為彼此獨立的兩類：

- 資料和證據庫；
- 研究者的報告（以文章、報告或著作的形式呈現）。

隨著電腦技術的發展，這兩類資料的區分更為明顯。從事心理研究、調查或經濟學研究的人，可能會交換只包含數字的資料庫或其他電子檔，如心理學測量中的某種行為反應時間或測試分數，被試對象對問卷中各種問題的回答，或社會發展中的各項經濟指標。實際上，資料庫可以是獨立的研究對象，由其他學者進行專門的分析，而分析的過

程也可能不出現在最終的研究報告中。

然而，個案研究尚未形成把資料庫與個案研究報告進行區分的慣例。很多時候，個案研究中資料的羅列與研究報告的陳述完全等同。如果帶有批判眼光的讀者希望對推出結論的原始資料進行檢驗，就會發現難以下手。研究報告提供的資料未必充分，如果缺少了個案研究的資料庫，就不一定能夠找到原始資料來做獨立檢驗。當然，人種學研究是個例外，獨立的田野調查記錄會為新的研究者提供線索。每個個案研究課題都應建立符合規範的、直觀易懂的資料庫，這樣其他的研究者就可以直接使用這些資料，不再局限於使用書面的研究報告，資料庫從而大幅增加了整個個案研究的信度。

很多個案研究缺少正式的資料庫，這是個案研究存在的最大不足。彌補的方法技術很多，首先，你必須意識到建立資料庫的必要性，並且樂意為此花費額外的資源。同時，有了完備的資料庫，並不意味著個案研究報告不再需要呈現充分的資料（第6章將進一步討論），每份報告依然包含足夠的證據，讀者從這樣的個案研究報告中才能獨立地推導出結論。

大多數有關實地研究的書籍都未曾涉及到建立個案研究資料庫這個難題。因此，下面將介紹有關這方面的最新進展，從四個方面分析建立資料庫的方法：記錄、文獻、圖表資料、描述。

1.個案研究記錄

記錄在個案研究資料庫中，是最重要的組成部分之一。記錄有很多種內容和形式，可以來自研究者的訪談、觀察或對檔案的分析；可以是手寫的、列印的，也可以是錄音材料，或是電腦檔案，或是用日記的形式集合在一起，或做成檢索卡片，或是其他比較隨意的形式。

個案研究的記錄不論用什麼樣的形式、記錄什麼內容，都必須利於研究者本人和其他人日後查找使用。通常，記錄可以按照個案研究中的主題進行劃分，像研究方案中概括的那樣，但是只要採取的記錄方法可以為外來者所用，任何記錄方法都是可取的。只有這樣，記錄才可以成為個案研究資料庫的一部分。

將記錄作為個案研究資料庫的一部分，不意味著研究者需要花費大量的時間改寫訪談筆記；或為了清楚地呈現記錄，而進行大幅度的修改。可以說，再次建立正式的研究記錄，包括編輯和重寫訪談筆記，可能是畫蛇添足。即使需要做某些修改，也應當直接為個案研究報告服務，而不是單純地把記錄做得更好看。記錄的唯一、本質的功能是經過整理、歸類、補充完整以供日後使用。

2.個案研究文獻

個案研究所需的很多文獻要在整個研究過程中蒐集。第3章已經提到，研究方案中要指明使用這些文獻的目的，一個很好的做法是給這些文獻編寫註釋性的目錄。這

些目錄有助於資料的保存與檢索，供後來的研究者檢索並
分享資料庫。

占用（存儲）空間大，是文獻唯一的特點。此外，在
資料庫中，不同檔案的重要性各不相同，因此需要建立初
級和二級檔案夾，這樣分類的主要目的在於方便以後閱讀
檢索。如果某些訪談使用了文獻，文獻與訪談筆記還可以
相互參照。

3.個案研究圖表資料

資料庫包括以圖表形式出現的資料，既可能是從研究
的地區直接蒐集的，也可能是由研究小組建立的。這些資
料需要整理、保存，供日後使用。

圖表資料包括調查資料和其他量化資料。如在一個
或幾個地方進行個案研究的調查所得資料，構成整個研究
的一部分。在這種情況下，圖表資料甚至可以保存在電腦
檔案中。此外，如果使用檔案或觀察資料，就可能要計算
各種現象出現的次數（*Miles & Huberman, 1994*）。研究小組
計算出來的資料也應整理保存為資料庫的一部分。簡而言
之，各種圖表資料，無論是基於調查、觀察統計還是檔案
資料，都可以採用與其他研究方法中類似的方式去處理。

4.個案研究描述

個案研究者做出來的各類描述，可以看成正式資料
庫的一部分，而不是最終個案研究報告的一部分。一個常
用到的特別做法，體現了這種情況：讓個案研究者擬寫個

案研究草案中各項開放性問題的答案。這個做法在作者設計的多個案研究中用到了好幾次（見專欄23）。這些問題和回答經過修改，可以直接作為最後的個案研究報告的基礎，第6章還會進一步討論這一點。

【專欄 23】 個案研究資料庫中的描述

　　有人曾進行過關於學校中個人電腦使用情況的十二個系列個案研究（*COSMOS, 1984b*）。每個研究方案中包括五十個開放性問題，比如個人電腦的數目和位置（開放性問題，要求給出圖表形式或敘述形式的答案），校區內電腦機房和其他電腦系統之間的關係，校區提供的培訓與合作。

　　個案研究者的首要責任是儘量完整地回答五十個問題，在註釋中表明具體的證據來源。這些回答不需要編輯整理，但可以作為獨立的個案報告和跨個案分析的基礎。建立資料庫，有利於研究小組中的其他人員在研究報告完成之前，就能夠了解在每個研究站點都發生了什麼。這些檔案提供了豐富的證據來源，可以反覆使用，甚至可以作為其他個案研究的一部分。

　　每個問題的回答，都需要綜合分析所得到的資料，把研究課題的各種事實和對它們的嘗試性解釋結合起來。這實際上是一個分析過程，開啟了個案研究的分析環節。答案的形式，可以借鑑學術性課程考試中綜合考試題的答題

形式。調查者就是受訪者,他的目標是引用有關資料寫出充分的答案。資料可以是訪談、文獻、觀察提供的資料,也可以是檔案記錄。開放性答案的主要目的,是找到具體資料與個案研究中不同問題之間的聯繫,常常會用到附註和註釋。

　　所有問題的回答可以看作是個案研究資料庫的一部分。這樣,研究者和其他對這方面感興趣的人就可以使用資料庫完成最終的個案研究報告(第6章有這樣的實例)。答卷可以作為資料庫,供以後的跨個案分析所用。《個案研究方法的應用》(*Yin, 2003*)第2章有完整的個案研究,列示了對草案問題描述性回答形式的撰寫,讀者可以參考。由於回答只是資料庫的一部分,而不是最終的報告,研究者不需要花太多的時間整理這些答案,即不需要像標準的編輯工作那樣花費精力。出色的回答,最重要的特徵是透過充分的引用,切實地在與具體資料相關的問題之間建立聯繫。

原則3:組成一系列證據鏈

　　另一個需要遵循的原則是組成一系列證據鏈,以增強個案研究中證據的信度。這條原則的理論基礎類似於司法調查的思路和程序。

　　此原則旨在幫助外來的調查者,即個案研究報告的讀者,從最初研究的問題到最終的結論之間,找出每項證據的各種推論(見圖4-2)。同時,外來的調查者應能夠

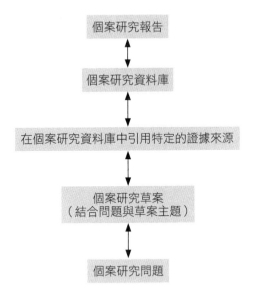

圖 4-2 組成一系列證據鏈

資料來源：COSMOS 公司

雙向地進行這個推導工作（從結論反推出最初的問題，或從問題推出結論）。就像處理司法卷宗那樣，這個過程應當非常嚴謹，因為必須確保在「法庭」上呈現的證據，即個案研究報告，與在「犯罪」現場採集的證據是相同的。相反地，也不能因為疏忽或偏見，故意無視原始證據，否則對個案「事實」的分析會顯得不足。如果能夠做到這一點，就能夠保證個案研究的建構效度，從而提高整個個案分析的品質。

　　設想下面的情景。你閱讀完一份個案研究報告的結論部分，引起你對建立結論的基礎做更多了解的欲望。此

時，你就需要反向推導論證過程。

首先，報告應該對個案研究中資料庫的相關部分做充分的引用，包括引用具體的文獻、訪談或觀察記錄。第二，資料庫經過檢驗，應反應事實，說明這些資料是在什麼樣的情況下蒐集的，如訪談的時間和地點。第三，這些情況應與個案研究方案中具體的步驟和問題一致，從而體現資料的蒐集遵循了方案中規定的步驟。最後，審閱方案須確保充分體現了相關內容與最初問題之間的關聯。

因此就能夠從個案研究過程的一個部分轉移到另一部分，方法論步驟與支援結論的證據之間具有明確的相互參照關係。這就是希望最終建立起來的完整「證據鏈」。

總結

本章介紹了六種來源的個案研究資料，包括它們的蒐集方法，以及資料蒐集過程中的三條重要原則。

資料蒐集過程在個案研究方法中，比在其他研究方法中更為複雜。個案研究者必須熟悉在其他研究方法中，可能用不到的技術；同時，研究過程還須遵循一定的程序規範，以確保資料蒐集過程的品質。前述的三條原則是朝這個方向的努力，它們不是用來限制研究者的思考能力和創造性，而是使研究過程更加清楚，使最終結果（即蒐集到的資料）體現出對建構效度和信度的關注，從而提升其進一步研究的價值。下一章介紹如何進行證據分析。

練 習

1.使用資料。

選擇本書專欄中引用的一個個案研究實例，閱讀並歸納出五項個案研究中的重要事實，指出支持這些事實的證據來源。指明在哪些情況下，涉及了多於一種的證據來源？

2.找出說明性資料。

選定一個你有興趣研究的個案研究題目。說明這個題目的某些方面，有可能用到哪些類型的資料？例如若需要使用文獻，用哪一種文獻？如果做訪談，訪談的對象和問題是什麼？如果用檔案記錄，用什麼記錄，涉及哪些要素？

3.尋找可以相互印證的資料。

談談日常生活中最近發生的一件事。如果現在要證明發生過什麼（回溯），怎樣確立這件事情的「事實」呢？回去採訪一些重要的人嗎（包括自己）？會有一些實物證據、文獻可以使用嗎？

4.練習建立一個資料庫。

針對上一個題目中的話題，寫一篇簡短的報告（兩倍行距，不超過兩頁）。報告中首先確定主要的問題是什麼，再給出答案，引用已經使用過的資料（格式應該包括附註）。這種問答的形式，會大量出現在整個個案研究資料庫中。

5.形成完整的證據鏈。

提出一個個案研究能夠推導的假設性命題。接著找出可以支援這個結論的具體資料。然後再回過頭來，看看研究方案中提出什麼樣的

問題會有助於蒐集到這些資料，而什麼樣的研究課題會要求在方案中設計這些問題。試著理解這組資料是怎樣形成的，又是如何反覆透過各種環節找到這組資料的？

第五章

個案研究的證據分析

分析策略：不僅是熟悉證據分析工具

分析策略的必要性

證據分析一直是個案研究中發展最慢，也最難以掌握的一個環節。常常出現研究者啟動一項研究時，還不清楚如何分析蒐集到的資料（雖然第3章建議在設計研究方案時，就考慮到證據分析的方法技術），結果在研究到達分析資料階段時，就變得死氣沉沉，進展緩慢。筆者有一些同事，因為不知道怎樣分析、處理資料，只好把資料一天天堆積起來，放到一邊閒置，不聞不問。

在分析資料階段，經驗豐富的研究者比新手有更大的優勢。與統計分析不同，個案研究中沒有固定的公式可以指導新手（只有少數幾本書提供一些有用的建議，其中一本是Miles和Huberman在1994年出版的著作）。因此，個案研究的證據分析，更加依賴研究者個人嚴謹的思維風格。除此之外，還要加上詳細的資料和審慎考慮到其他的可能解釋。

同時，研究者，尤其是新手，還要繼續尋找一些程序、竅門或分析工具，因為熟悉這些分析工具有助於得到所需要的分析結果。這些工具重要而實用，但只有知道目的何在（即有一個總體分析策略），才能具有用途，這是研究一開始就要解決的問題。

如具有套裝軟體的電腦輔助程式，越來越常有人利

用，像對非數位的無結構資料進行索引、檢索和理論分析（*NUD. IST, Nonnumerical Unstructured Data Indexing, Searching, and Theorizing, Gahan & Hannibal, 1999*）或量化證據分析的電腦輔助軟體（*CAQDAS, Computer Assisted Qualitative Data Analysis Software, Fielding & Lee, 1998*）。這些軟體能夠幫助我們對大量陳述性文件，如從開放性訪談或歷史文獻中獲得的資料，進行編碼和歸類。編碼技巧的指導亦能使分析水準有所提高（*Boyatzis, 1998; Strauss & Corbin, 1998*）。

這些工具的好處是：(1)陳述性文件逐字記錄了受訪者的評論，或者保留了文獻或歷史性文獻的文字資訊；(2)實證性研究嘗試從文件中字詞的用法和使用頻率來分析資料中的語言學意義和本質（實際上，在人們還沒有開始使用電腦進行研究的時候，內容分析是用來分析報刊文章的常用技術）。但逐字記錄或文獻記錄在整個個案研究中有可能只占一小部分，或者只用於研究的前期階段，目的是初步呈現出一些凸顯的概念與主題（*Strauss & Corbin, 1998*）。不過，無論哪種情況都需要有一個總體分析策略，以處理個案研究中更廣義的分析工作（一個例外情況是整個研究都側重於分析逐字記錄和文獻，但應當意識到，這樣的研究是對語言行為的研究，未必是對實際事實的研究）。

在邁爾斯和休伯曼（*Miles & Huberman, 1994*）的書裡，曾全面討論過一些有用的分析處理技巧，包括：

- 把資訊整理成不同序列；
- 構造一個類別矩陣，把資料歸到不同的類別

中；

- 確定資料的呈現方式，流程圖和其他圖表，以檢驗資料；
- 編製不同事件出現的機率圖；
- 計算二級資料，如平均值、變異數，檢驗圖表和不同圖表之間的複雜關係；
- 按照時間先後或其他順序對資料進行排序。

這些處理方法確實有效也很重要，可以對資料進行最初的排序處理。進行這些處理可以解決前面提到的一些棘手問題。從這個意義上說，在研究的早期階段，處理資料或「做資料遊戲」會很有效果。然而，如果缺少一個總體策略，研究的前期工作很可能會無的放矢，浪費大量的時間。同時，如果處理了資料但還是找不到一個總體研究策略（或者發覺前期的資料處理工作很困難），整個研究都有可能會失敗。

正因為如此，有人提倡將個案研究中的事件轉化為數位形式，有助於對個案研究的資料進行分析（*Pelz, 1981*）。如果個案研究中存在一個嵌入的分析單位，或許可以用這種「量化性」個案研究技巧。但這種方法仍然不能從整個個案的層次保證分析的需要，因為通常只有一個或幾個個案。由於個案太少，而致使量化的作用不明顯。

可見，除了熟悉分析工具和處理技術外，最重要的是在研究一開始就有一個總體分析策略。一旦有這樣的策略，分析工具才能發揮更大的作用（或者說與研究的關係就更大）。這個策略有助於研究者更有效地使用分析工

具，更恰當地運用一些處理技術。下面簡述三種策略，然後概括介紹個案研究證據分析中用到的五項具體技術。在蒐集資料之前，就必須考慮到這些可能的選擇，從而確保得到的資料能夠進行有效的分析。

三種主要策略

1.依據理論觀點

首要的也是最受歡迎的策略，是遵循個案研究的理論假設。個案研究的初衷和方案設計都是以理論假設為基礎，而該理論假設反過來會幫助你提出一系列問題，指導你檢索已有的文獻，以及產生新的假設與理論。

一般來說，在提出理論假設後，通常會根據這些假設來制訂資料蒐集方案，並據此選擇合適的證據分析策略。如一項對政府組織關係的研究，基本假設是，聯邦資助不僅發揮二次分配的作用，還能導致地方政府組織機構的改革（*Yin, 1980*）。其中心論點是在地方政府的規劃部門、民政部門或其他部門中，將會形成與特定的聯邦資助計畫「相應的」的機構同時在幾個城市中接受檢驗。對研究的每個城市，個案研究力求探究在相關的聯邦資助方案出爐後，當地機構中出現哪些新的部門，有什麼樣的變動。當地機構作為政府的組成部分，面對聯邦資助方案採取了哪些措施。

這是用理論假設指導個案研究的一個例子。很明顯，

理論假設幫助研究者把注意力集中到某些資料，而忽略其他的資料（一個很好的測試辦法：假定你只有五分鐘時間為個案研究中提出的觀點進行辯護，你會決定引用哪些資料）。理論假設有助於你組織整個的個案研究進程，幫你提出其他可能的解釋並進行檢驗。有關因果關係的理論假設，即對「怎麼樣」和「為什麼」一類問題的回答，對指導個案研究的分析過程尤其有用。

2.考慮與之相反的競爭性解釋

　　第二種總體分析策略是確立和檢驗競爭性解釋。這種策略可以與第一種聯繫起來，因為上述的理論假設可能包括了競爭性假設。然而即使沒有這樣的競爭性假設，也可以選用這種策略，而且對個案研究評估大有用處。如評估研究中的一個典型假設是：觀察到的狀況是公眾或基金會投資干預的結果。與此相反的一個簡單而直接的競爭性解釋是，最終結果除了這些干預之外，還受到其他因素的影響，而且資金投入也不一定是必需的。如果研究者能事先意識到這樣的競爭性解釋，就應嘗試蒐集可能反應「其他影響」的資料。同時，要盡力去做好這些資料的分析處理工作，猶如需要證明其他因素的影響是最重要的影響一樣。這樣，如果你找不到充足的證據支持其他可能的解釋，別人也就不大可能說你為了支持最初的假設而人為地「製造假證據」。（*Patton, 1990, p. 462*）

　　在前例中，直接的競爭性解釋，資助不是導致觀察結果的原因，只是幾種競爭性解釋的一種。表5-1就

表 5-1	簡要描述不同類型的競爭性解釋

競爭性解釋的類型	描述或實例
技術方面的競爭性解釋 1. 虛無假設（null hypothesis） 2. 效度干擾 3. 研究者的偏見	僅在偶然的外界條件下觀察到的特定結果如：歷史記錄、成熟程度、不穩定性、測試、工具（儀器）、衰退（回歸）、選擇、實驗失敗、擇優互動如：「實驗者影響」；實地調查中的互動效應
實際生活中的競爭性解釋 4. 直接的競爭性解釋（實踐或政策） 5. 混合的競爭性解釋（實踐與政策） 6. 實施中的競爭性解釋 7. 競爭性理論 8. 超級競爭性解釋 9. 社會的競爭性解釋	用目標因素（懷疑對象 1）之外的其他因素（懷疑對象 2）來解釋結果（「這是管家做的」） 用目標干預和其他干預一起來解釋結果（「不僅僅是我」） 用實施中的過程性因素，而不是實質性因素來解釋結果（「我們做對了嗎？」） 不採用最初的理論假設，而用其他的理論來解釋結果（「這才是最基本的，我親愛的沃特遜」） 用更大、上一層級的因素來解釋結果（「它比我們倆都大」） 用社會趨勢而不是其他因素去解釋結果（「時代處於變化中」）

資料來源：*Yin & Oldsman*（1995）

多種競爭性解釋進行分類，並逐條做了詳細的列舉（*Yin,
2000*）。對於每種競爭性解釋，為使其主旨更明確，在正
式的社會科學分類之外，還有非正式的、簡潔的描述。

　　上表提醒我們，在所有的社會科學研究中，存在三
類技術方面的競爭性解釋（craft rival），研究者比較容易
在這個地方犯錯。因此，一些教科書對此做了大量的說
明。此外，上表還列示六種「實際生活」中的競爭性解釋
（real-life rival），它們在其他的教科書中幾乎未被提到
（大多數文章都未討論到競爭性解釋的優缺點，以及將競
爭性解釋引入研究的作用）。實際上在蒐集資料之前，你
就應仔細考慮這些實際生活中存在的競爭性解釋（同時也
不要忽略技術方面的競爭性解釋）。有些實際生活中的競
爭性解釋觀點，可能會等到你蒐集資料時才變得明朗，到
這一步才留意到它們依然是可行的，也是值得稱道的。總
之，如果分析資料時能考慮並且一一驗證、排除競爭性解
釋，那麼所得的結論就會更有說服力和解釋力。

　　在本書前述引用的幾個個案研究中，競爭性解釋都
是不容忽視的關鍵部分（如專欄1、專欄11）。這些課題
的研究者充分借助競爭性解釋觀點進行整個個案的分析。
《個案研究方法的應用》中也有更多的例子，說明了如何
在個案研究中運用競爭性解釋進行論證（*Yin, 2003*）。參見
《個案研究方法的應用》第4、5、8和10章。第4、5章總
結的個案研究關注競爭性解釋；第8、10章包括了完整的
個案研究，展示了作為個案分析的一部分，如何使用競爭
性解釋。

3.進行個案描述

第三個總體分析策略,是為個案研究開發一個描述性框架。這個策略不像利用理論假設和競爭性解釋兩種策略那樣常用,但如果運用前兩種策略有困難時,不妨採用此策略。

有時候,個案研究的最初目的就是描述性的。著名的社會學研究作品《中鎮》的目的就是如此(*Lynd, 1929*),這是關於中西部地區一個小城市的個案研究。《中鎮》的有趣之處不僅在於它作為一個內容豐富的歷史個案所具有的經典價值,還在於它的結構設計,該書的章節安排就體現了這一點。

- 第1章:謀生;
- 第2章:成家;
- 第3章:教育下一代;
- 第4章:享受休閒時光;
- 第5章:參加宗教活動;
- 第6章:參與社區活動。

這些章節涵蓋了二十世紀早期,中型城鎮中有關社區生活的一系列問題。這個描述性框架,有效地組織、銜接了對個案研究的分析(作為補充,讀者可以回顧已有的個案研究結構,如本書專欄中引用的個案,可以把目錄作為針對不同分析方法的內含線索來進行比較、借鑑)。

在另外一些情況下,個案研究的最初目的也可能不是描述性的,但描述策略或許有助於確定需要分析的因果

關係，甚至有利於開展量化分析。專欄24所示個案，旨在

【專欄24】對個案的描述性要素進行量化

普雷斯曼和維爾達夫斯基（*Pressman & Wildavsky, 1973*）的著作《執行：華盛頓的厚望如何在奧克蘭破滅》（*Implementation: How Great Expectations in Washington Are Dashed in Oakland*），被認為是政策執行研究的重要文獻之一（*Yin, 1982b*）。在這個過程中，某些專案的政策方案（如經濟發展政策、學校新教學大綱計畫、防止犯罪專案）被設置在具體的場景中（如組織或社區）。這是一個極其複雜的過程，牽涉到眾多個人、組織原則、社會規範，以及相互混合的良好與不良的意圖。

這樣一個複雜的過程，也能作為量化研究分析的課題嗎？普雷斯曼和維爾達夫斯基提供了一個具有新意的解決方案。由於可以把成功地實施一項政策描述為做出一組決定，研究者就能在個案研究中把重點放在決定或影響要素的數量與類型上。

因此，在〈共同行為的複雜性〉一章中，作者分析了奧克蘭的困難：實施一項公共服務政策，要求做出包括七十項的系列決定——如項目的論證、租期的談判、工程的發包等等。分析重點關注在何種水平上能達成一致，七十項決定中的每一項分別需要多長時間才能達成一致。在不同的觀點和認識上的滯後性是很正常的，這種透過量化方式的分析，說明成功實施一個專案的可能性比較小。

研究加州奧克蘭地區推行、實施公共服務政策的複雜性。研究者認為，這種複雜性可以描述成確保成功實施公共服務政策的多種決定。這類描述隨後可以發展為列舉、列表表述決定多元性的量化資料。因此，描述性策略可以用來確定：(1)嵌入性分析單位（見第2章）；(2)複雜的總體模型，從而最終從因果關係層面上「解釋」方案的實施為何會失敗。

⊙小結

找到一個總體分析策略，可以說是個案研究分析最好的準備。上面介紹了三種策略：利用理論假設；考慮競爭性解釋；進行個案描述。這三種總體性策略，是下述具體分析技術的基礎。缺少了這些策略（或其他可以替代的策略），個案研究分析可能會舉步維艱。

本章的其餘部分將介紹具體的分析技術，它們實際上是總體策略的實際體現，和總體策略在分析中一起被運用。這些技術專門解決前述個案研究中的內在效度和外在效度問題（見第2章）。

具體分析技術

妥善運用下述的具體分析技術絕非易事，要經過大量訓練才能有效地運用。一個可行建議是，你的起點不要定得太高，工作要細緻，並不斷地進行反思，不要想一蹴可幾，不要寄望在一段時間內全面培養各項分析技能。這

樣，分析就會有理有力，最終也能做出高品質的個案研究。

1.模式匹配

對於個案研究而言，最值得提倡的技術就是遵循模式匹配邏輯。這種邏輯（*Trochim, 1989*）將建立在實證基礎上的模式與建立在預測（或幾種可能的預測）基礎上的模式相匹配。如果這些模式相互之間達成一致，個案研究結論的內在效度會更理想。

如果個案研究是解釋性的，模式可能與研究中的因變數或引數（或兩者）相關。如果研究是描述性的，模式匹配依然能發揮作用，只需在資料蒐集之前確定具體變數的預計形式即可。

2.將非對稱的因變數作為一種模式

從可信的準實驗研究中推導出來的因變數模式，稱為「非對稱的因變數設計」（*Cook & Campbell, 1979, p. 118*）。根據這種設計，一項實驗或準實驗研究可以有多個因變數，即多種結果。

如你在從事一項關於新的分散式辦公自動化系統使用效果的研究。主要論點是：由於每個終端都可以獨立於任一伺服器工作，將引發組織內部一定形式的變革和壓力。根據已有的分權理論，你推導出可能會產生以下的變革及壓力：

- 員工為適應辦公系統，將建立新的工作方式，這些工作方式對每個員工都是新奇的；
- 傳統的監控體系會受到威脅，因為對工作任務的監控和資訊中心來源的使用都被削弱；
- 由於同時需要共用資源和向獨立終端的服務，組織矛盾會被激化；
- 生產率比安裝新系統之前的水準高。

上例中，四種結果分別代表不同的因變數，應該用不同的測量手段和工具進行評價。因此，研究對不同性質的因變數進行了具體推敲。你可以預測包含每個因變數的整體結果模式。如果結果模式與預測的模式相符，你就能得出有關分權效果令人信服的結論。反之，如果結果模式與預測的模式不相匹配，即使只有一個因變數的表現與預測的模式不相匹配，最初提出的論點就是令人懷疑的。

上述的個案一可以透過下面的個案二進一步明朗化。個案二是研究安裝新的網路式辦公自動化系統，即所有個人終端設備連接成一個網路。現在用與上例同樣的四個因變數，預測到不同的結果。如果結果顯示分散式系統（個案二）的實際結果與預測相符，而網路式系統（個案二）生成的第一種結果與預測不同，就能對分散式的結果下一個更有力的結論，這樣也就在個案之間做了一次差別複製（另一種情況是，透過確認、研究兩個或多個分散式辦公系統會構成逐項複製）。

最後，應該注意哪些可能影響到效度的因素（完整地

列舉了相關因素）（*Cook & Campbell, 1979*）。如新的公司執行委員會可能使用了個案一的辦公系統，這提供了反駁的空間：單機辦公所導致的明顯效果可歸因於執委的決定，而不是新安置的辦公自動化系統。為了駁斥這個競爭性解釋，應找出最開始的因變數子集，並闡明如果公司管理水平是這些結果的實際原因，就會有不同的結果模式（個案一）。如果進行的是單個案研究，這樣的步驟就是必要的；你可以使用同樣的資料，排除可能威脅到效度的因素。如果還有第二個個案，就像前面假設的例子，你也可以闡明公司管理水準無法解釋個案二中出現的部分結果模式（即如果沒有公司管理層的干涉，應該會出現相反的結果）。實際上，你的目標是找出各種可能損害到結論有效性的因素，不斷對各種模式進行對比，分析為什麼在這兩種情況下，這些因素均無法對兩種模式做出解釋。

3.作為模式的競爭性解釋

競爭性解釋除了是一種有效的總體分析策略，也是對引數進行模式匹配的一種選擇。在這種情況下（如專欄25），幾個個案可能會出現某一相同結果，調查應側重於每個個案中的結果是怎樣的，且為什麼產生的。

這種分析要求形成以可操作性語言表述出競爭性假設。這些競爭性假設的特點是每種解釋都包含了一種在形式上相互競爭的引數。如果有一種解釋是有效的，那麼其他解釋就都是無效的。這意味著某些引數的存在（一種解釋的預測結果）排除了其他引數的存在（競爭性解釋的預

【專欄 25】 競爭性解釋的模式匹配

有關政策研究的一個常見問題是：在何種條件下，有關政策的研究才能達到造福社會的目的。人們總認為研究是「為研究而研究」，並不需要解決實際問題。

這個題目是多個個案研究的主題，且研究結果已經被使用，這些研究分析了結果是怎樣產生的，為什麼產生該結果，討論基於研究中應用的三種模式而產生的競爭性解釋：(1)研究、發展與推廣模式；(2)解決問題的模式；(3)社會互動模式（*COSMOS, 1984a*）。每個個案研究的事件都以模式匹配的方式與每種模式的預測結果相比較。如解決問題的模式要求事先設定一個問題，該問題是研究專案開始時遇到的問題，但前提是所要面對的這個問題不存在於其他兩種模式中。因此，這裡列舉了不同理論模式如何預估了特定的事件，從而利於展開有效的比較。

對研究的所有個案（共有9個個案），事件與模式二和模式三的混和形式最匹配。因此，研究者運用競爭性解釋和複製法則來分析每個個案的資料。

測結果）。引數可以包括幾種或多種不同的性質或事件，每種都由不同的手段與工具進行評估。然而，個案研究分析的難處在於觀察到的模式與預測的模式相匹配的程度。

引數的模式匹配既適用於單個案研究，也適用於多個案研究。對單個案研究而言，如果能成功地將模式與競爭性解釋搭配起來，則可以斷定這種解釋是正確的（那麼其

他解釋就是錯誤的）。同樣，即使是單個案研究，也需要找出並且排除影響有效性的因素，它們基本上構成了另一組競爭性解釋。另外，如果多個個案都推導出這個相同的結果，就可能構成對單個案的逐項複製，跨個案分析的效果就會更有力地表現出來。然而，如果預計到由於存在不同的環境條件，將導致第二組個案無法得出相同的結果，那就構成了差別複製，最初的觀點就成立，並更有解釋力了。

4.簡單模式匹配

同樣的分析思路可用於較簡單的模式中，即引數和因變數的種類都是最少的情況。最簡單的模式中，可能只有兩個不同的因變數（或引數），只須對兩個不同的變數設置不同的模式，就可以進行模式匹配。

當然，變數越少，模式間的差別就越明顯，變數的比較分析就越容易。在某些情況下，簡單的模式對比既是相關的，也是必要的。此時，總體分析策略能幫助我們選定進行對比的最佳方法，針對不同結果提出具有理論意義的解釋。

5.模式匹配的準確性

就當前研究水準來看，模式匹配程序尚未發展到精確比較的階段。無論是在競爭性解釋的基礎上預測一種不對稱的因變數，還是簡單的模式匹配中的預測，預測模式與實際模式之間的比較，可能都未達到量化的程度（現有

的統計學技術可能用不上，因為這些形式中的變數都沒有變化，每個變數實質上代表了一個單一資料點）。如果研究中事先確定了一個基準，就可能得到精確的量化結果，如生產力將成長10%，實際結果的水準可與這個基準做比較。

對研究者而言，低準確度允許他們保有某種解釋的彈性，他們能透過推斷、下結論，說某種模式匹配或不匹配。當然，你可以透過更精確的測量手段，增強個案研究的說服力。重要的建議是，如果達不到一定的準確度，你就不要預設精細的模式，這樣得出的解釋就不容易被推翻。

建構性解釋

第二種分析技術實際上是一種特殊的模式匹配，不過步驟更複雜、操作更難，因而需要單獨介紹以引起注意。這個技術的目的在於透過建構一種關於個案的解釋來分析個案研究的資料。

與本章所選的個案研究類型相應，這裡主要涉及解釋性個案研究的分析步驟。同樣一個解釋性個案研究的步驟常常被引用，即「生成假定」程序中的一些步驟（*Glaser & Strauss, 1967*），不過後者的目的不在於為一項研究下結論，而是為了促進後續研究形成觀點。

1.解釋的要素

「解釋」一個現象，就是提出一套有關該現象的假定因果關係。這些因果關係與前面提及的競爭性解釋中使用的引數類似。在大多數的研究中，複雜的因果關係難以用一些精確的方式評定。

在很多現有個案研究中，建構性解釋（explanation building）都是以描述性形式存在的。由於不可能準確，如果解釋能反應出一些具有理論意義的觀點，則更具意義。如因果關係能揭示有關公共政策進程或社會科學理論中最主要的觀點，這些關於公共政策的觀點如果是正確的，就可以成為未來推行政策的建議（見專欄26A）。同樣，關於社會科學的觀點如果是正確的，就可能對理論建構做出重大貢獻（見專欄26B部分）。

【專欄 26】

A. 多個案研究的建構性解釋

多個案研究的目標之一，是建立適用於每個單一個案的總體解釋，儘管各個案之間在具體細節上是有所區別的。這種目標與多元重複實驗相類似。

瑪爾塔・德西克（*Martha Derthick, 1972*）的《鎮中新鎮：一個聯邦專案失敗的原因》（*New Towns In-Town: Why a Federal Program Failed*）一書中，寫的是詹森總統時期政府

管理下的一個住宅開發專案。聯邦政府要向當地政府提供城內空地用於住宅開發。但四年之後，七個考察點的發展步伐都很小，大家認為這個專案失敗了。七個考察點包括聖安東尼奧、新貝德福德（麻省）、聖法蘭西斯科、華盛頓特區、亞特蘭大、路易斯維爾、克林頓鎮區（密西根）。

　　德西克的描述是首次對七個考察點情況所做的分析。然後，原定的總體性解釋這個項目之所以失敗，在於沒有得到地方政府的足夠支持就難以讓人信服，因為這種情況並非在所有考察點都很明顯。據德西克的觀點，地方政府的支持確實存在，但「聯邦官員仍然宣稱如此龐大的專案在實施中必然出現某種程度的失敗」（*p. 91*）。最後，德西克建立了一個較為中庸的解釋：空地建設住宅專案失敗的原因在於，一是聯邦政府對地方的影響力有限，二是專案確立的目標過高（*p. 93*）。

B. 多個案研究的建構性解釋：其他領域中的例子

　　巴林頓・摩爾（*Barrington Moore, 1966*）在他的史學著作《專政與民主的社會起源》（*Social Origins of Dictatorship and Democracy*）中，使用了與德西克相類似的分析方法。儘管其中的個案實際上是歷史事實，但該書對如何在多個案研究中進行建構性解釋提供了另一種例證。

　　該書的基本主題是在從農業社會向工業社會的轉型中，對英國、法國、美國、中國、日本、義大利等六個不同國家，上層階級和小農階級在轉型中的角色進行總體解釋。這個解釋，無疑是史學界的一個重要貢獻。

2.建構性解釋的重複性質

有關解釋性個案研究的建構解釋過程，已有文獻有所闡述。不過不難推測，最後的解釋可能是一系列不斷修正的循環過程：

- 對政策或社會行為提出一個原創性的理論觀點或命題；
- 將原始個案的研究結果與上述觀點或命題進行比較；
- 修正該觀點或命題；
- 將個案的其他細節與修改後的內容相比較；
- 將修改後的觀點與第二、第三或更多個案中的事實相比較；
- 根據需要，將上述過程重複數次。

從這個意義上看，由於最後的解釋可能無法在研究剛剛開始時就確定下來，因而有別於前面提到的模式匹配技術。通常對個案研究的資料進行檢驗，理論觀點經過修正，又一次從新的角度以重複的模式處理資料。

逐步建構解釋與提煉一組觀點的過程相類似，其中很重要的一個方面是，要考慮看來似乎有說服力的、相競爭的解釋。如前所述，目的在於證明：如果給出實際的個案研究事件，其他的解釋不能成立。如果把這個技術用於多個案研究（如專欄27），建構性解釋的結果能引導跨個案分析，而不僅僅是對每個單個案的分析。

【專欄 27】實證個案與理論個案

　　運用個案研究的常用方式是，展示一組個案的實證資料，來驗證一個理論性「個案」。在克林和科爾（*Kelling & Coles, 1997*）的著作中，理論性個案是一項成功的警方策略，透過對無序混亂及相關行為的提前防控與嚴厲起訴，幫助社區控制公共場所（「回歸安全街區」），這出現於二十世紀八〇年代，結果使得重大犯罪大量減少。作者展示了對紐約城、巴爾的摩、聖法蘭西斯科和西雅圖幾個地區的具體個案研究資料，來論證他們的理論「個案」。

3.建構性解釋的潛在問題

　　需要注意的是，這樣進行個案研究有一些不足，由於要得到分析性的觀點就必須進行建構性解釋。而隨著這種重複式過程延展下去，研究者有逐漸脫離原來實際課題的可能。因此，不斷地提及最初的目的和可能得出的其他解釋，將有助於解決這個潛在問題。其他解決辦法已經在第3、4章中述及，即確立個案研究方案（指明要採集哪些資料），為每個個案建立個案研究資料庫（正式採集的整個資料系列，供第三方查閱），形成證據鏈。

時序分析

　　第三種分析技術是時序分析，這與實驗及準實驗研究

中進行的時序分析相類似。時序分析有多種複雜的形式，關於實驗與臨床心理學領域單個案研究的主要教科書都提到這個問題（*Kratochwill, 1978*）。有興趣的讀者，可以參考該書，從而獲得更多具體的指導。模式越複雜越精確，時序分析越能為個案研究的結論奠定更堅實的基礎。

路易士·吉德爾（*Louise Kidder, 1981*）從方法論角度對量化研究所做的一個有趣分析，是學習個案研究的一個典型例子。路易士指出，在時間序列設計完成之後的某些參與性調查，是不為最初的調查者所知道的。如某項研究關注的是吸食大麻過程中的事件。假定吸食大麻必有一個漸進的過程，或者說經過了至少包含三種狀態的「時間序列」（*Becker, 1963*）：最初吸食大麻，之後感到大麻的作用，最後感到快感。該研究的理論假設是，如果某人沒有經歷所有三個階段的狀態，而只是體驗了一個或兩個階段，這個人以後就不會經常吸食大麻。在吉德爾看來，要反覆進行這種類型的後期分析，才能幫助揭示其中隱含的分析技術。

1.簡單時間序列

與較為遠大的模式匹配相比，時間序列設計在某種意義上要簡單得多：時間序列中可能只有一個引數或因變數。在這樣的情況下，當眾多資料是相關且可以得到時，可以使用統計技術來檢驗、分析資料（*Kratochwill, 1978*）。

從另一種意義上講，這種分析技術的形式可能更為複雜，因為這個引數的起點與終點不一定清楚。儘管存在這

個問題，能找到前後時間中的變化軌跡，仍然是個案研究的一個明顯優勢，即可以不再局限於跨時期或特定情境中的靜態評估。雖然個案研究也會用到其他技術，但如果跨時期事件得到了細緻與精確的檢驗，那麼某些時序分析就是可能的。

時間序列設計的內在邏輯，是把資料的趨勢與以下三個趨勢進行比對：(1)在調查開始之前，就確定下來的某種理論性趨勢；(2)前期確定的某種相反趨勢；(3)其他任何有損於內在效度的趨勢。如在一段時間中，單一個案研究可能會存在兩種不同的假設。1969年坎貝爾在其有關康乃迪克州交通限速法案的研究中，就是這樣設計的（見第2章，圖2-1）。一個時間序列模型的基本觀點是，新法案（「時間序列」中的一個分段）大幅減少了傷亡量；而另一個時間序列模型的基本觀點是，新法案沒有產生這樣的影響。檢驗實際的資料，即一年中某段時期的實際傷亡數，判定預設的兩個時段中，哪一種模式與實際資料比較匹配。在很多情境中，都可以同樣對同一個案中做「分段的時間序列」比較。

多個案研究也可以遵循同樣的邏輯，只須給不同的個案設定不同的時間序列模式。如有關城市經濟發展的個案研究中，可能會有這樣的理論假設：以製造加工業為基礎的城市與以服務業為基礎的城市相比，就業趨於劣勢。相關的資料可能涵蓋一段時期，比如十年內的年度就業數字。在以製造加工業為基礎的城市中，資料可能會反應就業形勢日趨嚴峻；而在以服務業為基礎的城市裡，資料可

能會反應就業形勢不斷上揚。其他研究也可以運用類似的分析技術，如一段時期內每個城市的犯罪趨向，房地產市場的變化趨向，年度學生學業與考試分數的趨勢等等。

2.複雜時間序列

某個個案中變數的發展趨勢越多變，時間序列設計也相應地會越複雜。比如，我們不僅可以假定變數的發展趨勢是上升的或下降的，也可以假定在同一個個案中變數先升後降。這種跨時期的混合型模式，引起了複雜的時間序列。通常，個案研究方法的優勢不僅在於對這種時間序列的估計，還在於對有關複雜趨勢進行全面揭示，並把這個解釋與實際結果進行比較分析。

有些研究中牽涉的不僅僅是一個變數，而是一組變數，每個變數在一定時間內會表現出不同的形式，這時情況也可能更為複雜。如對居民區的研究，常常具有這個特徵。傳統的社區發展理論認為，居民人口、商販數量、當地服務機構及不動產股票四個因素的變化週期之間，存在一定的時間差（*Yin, 1982a*）。當一個居民區經歷劇烈的變化、升級或其他形式的變遷時，就需要研究近十年乃至二十年期間所有的變動率。

根據社區變化理論，所有結果曲線的變化軌跡都是可以預測的。如在某類人口變化（像從小型家庭到大型家庭的細微轉變）之後，先是居民區服務會出現某些變化（像學校招生，對社區服務的需求也會有所成長），隨後才會出現商店營業額的變化，而在這個過程中，教堂的情況可

能沒有絲毫變化。

因此，常常需要蒐集居民區的一些資料指標，這些資料不易蒐集，但分析並不難。如果在採集和分析必須在資料方面投入充足的時間與精力，那就能做好高品質的個案研究。如一項運用「分段的時間序列設計」來分析自然災害對社區長期影響的研究，為得到所需時間分段中的資料，在所調查的四個社區都分別投入了很多精力來蒐集資料。專欄28描述了此多個案研究的結果。

【專欄28】運用複雜時序分析的個案研究

自然災害，如颶風、龍捲風、洪水，可以說是社區的主要突發事件。這類災害可能導致一系列後果，如銷售和商業模式、犯罪以及人口趨勢等方面的變化。

保羅·夫里賽瑪（*Paul Friesema, 1979*）和同事研究了四個受災社區的變化。四個社區是：1955年加州聿波城、1961年的德州加爾維斯頓、1965年的阿肯色州康威和1966年的堪薩斯州托皮卡。在每項個案中，研究者都按時間順序分段蒐集大量有關經濟和社會發展水準的資料。這項分析顯示，雖然災害會在短期內，比如在十二個月內產生一定的影響，但長期影響很小。這項研究是應用複雜時間序列作為多個案研究基礎的一個極佳範例。

總之，儘管時間序列越複雜，資料蒐集工作就會越困難，但發展趨勢（或一組趨勢）會展現得更具體，分析也

就更有力。如果預測的時間序列與實際時間序列很複雜，並且相互匹配，就能為最初的理論觀點提供強有力的資料支援。

3.大事年表

編制大事年表是個案研究中常用的技巧，可以看作是一種獨特的時序模型。大事年表的時間序列直接體現了前述個案研究的突出優點，即個案研究允許追溯一段時期內發生的事件。

不要將大事年表僅僅作為描述一組事件的工具。編制過程要以分析事件為目的，即分析假定有因果關係的事件，因為有關原因的基本序列及其影響在時間上都無法逆轉。而且，大事年表可能會包含很多不同類型的變數，不僅僅是一個引數或一個因變數。因此，編制大事年表比起運用一般時間序列的方法，會更為全面和深刻。分析的目的是將大事年表與解釋性理論所預測到的情況相比較。這個理論可能包含下面一種或多種情況：

- 某些事件必然發生在其他事件之前，不能有逆向的序列；
- 某些事件之後必然出現其他事件，基本上可看作一種附帶事件；
- 某些事件只能在其他事件之後出現，並出現在事先指明的一個時間間隔之後；
- 某段時間內可能會出現某一組事件，與其他時段有本質上的區別。

　　如研究者能對事件進行詳細地記錄、審核，且研究中的實際事實符合預測的事件序列，而不是出現相反的序列，那麼單個案研究就可以成為因果推斷的基礎。此外，與其他個案相對照，並對有損研究內在效度的因素做清晰的解釋，會進一步提高推斷的說服力。

⊙時序分析的小結

　　無論如何規定時間序列的本質，個案研究的主要目的是，探討一定時間內各種事件之間的關係，回答相關「怎麼樣」和「為什麼」的問題，而不是僅僅觀察時間上的趨勢。時間序列的分段為判定潛在的因果關係創造了條件，同樣，大事年表也包含因果關係的判定。

　　如果在有關的個案研究中運用到時序分析技術，那麼研究的基本特徵就是找出特定的指標，劃分合適的時段，提出幾個事件之間假定存在的因果關係。這些在蒐集資料之前就應確定下來。只有事先了解，才有可能在短時間內蒐集到更多相關的資料，不必要的分析則會變得更少。

　　相對來說，如果研究僅限於對時間趨勢的分析，或在因果關係顯得並不十分重要的描述性模型中，可能會較常用到個案研究以外的策略技術。如對一段時期內物價指數變化趨向的經濟學分析。

　　此外還要注意的是，離開了理論假設或因果推斷，大事年表就有成為流水帳的可能。儘管對事件的描述和記錄固然很有價值，但未對因果推斷部分給予任何側重，將導致研究貶值。

邏輯模型

　　第四種技術在近來日漸變得重要，尤其是在個案研究的評估中更為有效。邏輯模型是一定時期內各個事件之間複雜而精確的鏈條。這些事件能展現「原因—結果—原因—結果」的重複與循環，前一階段的因變數（事件）成為下一個階段的引數（*Peterson & Bickman, 1992; Rog & Huebner, 1992*）。因為在一段時間內出現了幾個不同階段，所以情況比較複雜。

　　運用邏輯模型分析技術，需要將實際觀察到的事件與理論預測到的事件相比對。因此從理論上講，邏輯模型也可以看成模式匹配的一個變式。但有鑑於連續性事件的發展階段各不相同，因而人們亦將邏輯模型看作是模式匹配之外的一種獨立分析技術。

　　約瑟夫·沃利（*Joseph Wholey, 1979*）是把邏輯模型發展為一種分析技術的鼻祖。他首次提出了「專案」邏輯模型，認為如果希望某公共政策得到某種結果，就要對之前的事件進行追溯分析。公共政策的出爐會先引起一些活動，這些活動會產生直接結果；接下來，這些直接結果又會促成某些最終結果。

　　這裡用一個假設事例來說明沃利（*1979*）的分析框架。假定的命題是：學校採取措施，希望藉此提高基礎教育階段，各類重要考試中學生的成績。假設學校在每天一小時的課外活動中，開展一系列新的教學活動，則會導致學生家長關心學生的學習（直接結果）。接下來，學生、

家長和教師加深了對教育的理解，提高對學校教育的滿意度（中間結果）。最後，隨著練習的持續開展和滿意度的提高，學生會更加掌握某些概念，提高學業成績（最終結果）。

在這個例子中，個案分析需要把實證資料組織起來，支援（或駁斥）這個邏輯模型。撇開沃利（1979）的思路，運用本書前面講過的競爭性解釋方法，分析中還應考慮是否在對立的一連串事件之外，從外部假定一個事件。如果資料支援最初的事件鏈，也找不出對立事件，才可以下結論，即學校採取的干預活動與學生學習的改進有因果關係，否則可能會形成這樣的結論：事件的具體序列是不合邏輯的，如學校干預的學生與接受學習評估的學生處於不同的年級。

專案邏輯模型技術可用於多種情況，而不僅僅適用於公共政策。運用這個技術時，關鍵是建立一個因果循環的事件序列，且各個事件能連結成一個整體。聯繫越複雜，就能透過分析確定一段時間內的事件是否構成了嚴密的模式匹配。下面討論四種類型的邏輯模型，彼此的主要區別是個案研究的分析單位不同：

1.個體層面的邏輯模型

第一種類型事先設定個案研究針對的是個體的人。圖5-1描述了一個年輕人行為變化的假定過程。事件的發展變化，反應於表中從左到右的一組方框和箭頭中。它們顯示這個年輕人有可能成為幫派的成員，隨後參與幫派的暴

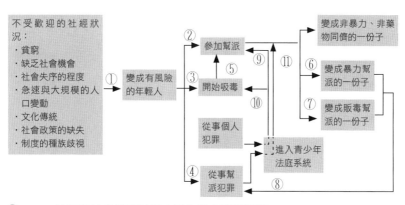

① 社區與社會策略目標：旨在阻止這個路線
②③④ 預防策略：旨在阻止這些路線
⑤ 禁藥策略：旨在阻止這個路線
⑥⑦⑧ 法律規範與禁止：旨在阻止這些路線
⑨⑩ 早期干預、司法制度策略：旨在阻止這些路線
⑪ 司法制度策略：旨在阻止這個路線

圖 5-1　　年輕人的行為與十一種可能的干預

力和吸毒活動，接著參與和黑幫有關的犯罪活動。這個邏輯模型的特點是與圖中各箭頭相關聯的十一個數字構成的系列，每個數字代表著一個機會，透過某種有計畫的干預（如社區或公眾項目），來防止這個年輕人繼續朝這個方向發展。如社區發展專案（數字1）會改善社會與經濟狀況，從而在一開始就降低這個年輕人加入幫派的可能性。至於一個年輕人如何遇到並應對一個、或所有十一個可能的干預，則可以作為一個個案研究的課題。圖5-1有助於確定、分析相關的資料。

2.公司或組織層面的邏輯模型

邏輯模型也可以追溯組織機構中發生的事件，如一家

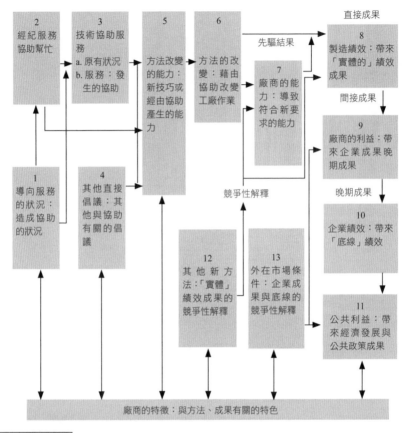

圖 5-2　製造廠商績效的改變

資料來源：*Yin & Oldsman*（1995）

製造企業的變化。圖5-2說明企業改革如何引起生產過程的改善（框8），最終提高銷售業績（框10、11）。框圖流程還反應了一個假設，最初的變化是由外界經紀人業務與技術支援服務（框3）引發的。根據這樣的假設，這個邏輯模型也包含著相反的競爭性解釋（框12、13）。由此

可見，個案研究的證據分析要追蹤一段時間內的事件，至少要對特定時間序列給予足夠的關注。資料蒐集還要指明方框中的情形怎樣與實際生活中的情況相關聯，從而證明各個方框之間的因果關係。

3.另一種組織層面邏輯模型的替代性結構

借助圖表格式，幾乎所有的邏輯模型都可以構成一個線性序列（如從左到右或從上到下的序列）。然而，實際生活中的事件是動態的，不一定呈線性發展。因此，一組事件可能發生在組織的「改革」或「轉型」中。如商業公司可能會經歷許多重要的變化，行銷模式和企業文化（甚至是名稱）都可能隨之改變。由於這些變化，可以說公司的業務發生了徹底的變革（COSMOS, 2000）。在《個案研究方法的應用》第10章中提供了一項關於公司變革研究中完整的跨個案分析。同樣，學校或教育系統也可以充分改變教育運作方式，從而達成「系統性的變革」。實際上，多數公共專案旨在透過鼓勵學校系統（如學區）的整體改革來改進學校狀況。但轉型和改革的過程都不是線性的，這至少有兩個原因：第一，可以反方向改變，而不只是按一個方向進行；第二，組織過渡和系統改革的完成，並不一定意味著線性邏輯模型的終點（如模型中的最後一個方框）；即使還需要很多艱苦努力，過渡與改革還是可能繼續進行下去。

圖5-3說明邏輯模型的不同結構和條件，邏輯模型：(1)追蹤學校系統中的所有主要活動（最初的活動列示在

表格說明中）；(2)跨越四個時段（每個時段代表二至三年的時間）。如果所有的活動能夠同時安排、同時進行，就可能出現系統的改革，這對應於圖5-3中的t3部分。但後

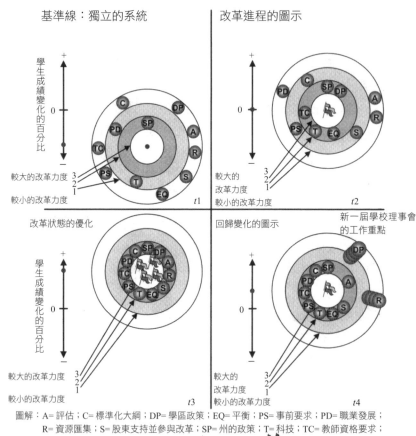

圖解：A= 評估；C= 標準化大綱；DP= 學區政策；EQ= 平衡；PS= 事前要求；PD= 職業發展；R= 資源匯集；S= 股東支持並參與改革；SP= 州的政策；T= 科技；TC= 教師資格要求；學校和教室數量 = 很少或沒有 ● 一些 🏴 絕大多數 🏴🏴

圖 5-3　　教育改革（K-12 年級）系統的預期狀態

資料來源：COSMOS 公司（*2001*）

期階段改革可能會衰減，對應於t4，邏輯模型沒有限定這種變動在t4階段結束。邏輯模型一個深層的特徵是，每個階段的整個圓圈都可以更高一點，也可以更低一點，據此顯示學生的水準層次。如果理論假設是系統的改革，會帶來最好的成績，那麼，圓圈中的三角旗表示實施了改革措施的學校和教室的數目，這個數字也會有所變動。最後，邏輯模型包含了一種尺度，即活動呈現在圖中的位置，或者說圓圈的高度列示了實際證據分析的結果。

4.專案層面的邏輯模型

　　現在再看看更常見的線性模型，圖5-4提供了第四種

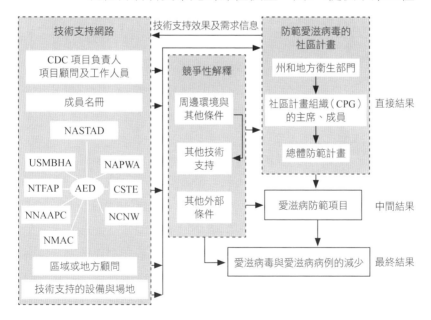

圖 5-4　完善社區防控愛滋病和愛滋病毒項目

資料來源：COSMOS 公司（1999）
各種愛滋病防疫組織

模型，也是最後一個模型的例子。這個模型說明了一項聯邦專案的理論依據，該專案欲透過支持社區的規劃和預防工作，來減少愛滋病的發生率。該項目對全美六十五個州和當地衛生部門提供資金和技術支持。研究所用模型對由十四個個案研究中得到的資料進行材料分析（*COSMOS, 1999*），包括蒐集的競爭性解釋資料，再次顯示了競爭性解釋在論證過程中所能發揮的重要作用。

⊙小結

邏輯模型是進行個案研究證據分析常用到的第四種技術。前面介紹了邏輯模型的四種類型，它們分別適用於不同的分析單位和不同的情境。實際運用時，要在蒐集資料之前選定邏輯模型，然後透過考察資料是否支援這個模型而來進行檢驗。《個案研究方法的應用》第6、8、10章中提供了更多個案研究所使用的邏輯模型。

跨個案聚類分析

第五種技術專門用於多個案研究的分析（前四種技術既可用於單個案研究，也可用於多個案研究）。如第2章所述，如果個案研究包括兩個以上的個案，此種技術就大有用武之地，與單個案研究相比，分析起來更容易，結果也更有說服力。專欄29提供了一個運用雙個案進行政策研究的例子。如前所述，如果有兩個以上的個案，研究結論就會更有力度。

【專欄 29】使用雙個案研究檢驗政策理論

　　二十世紀七、八〇年代的國際市場由日本占領。日本的優勢來自於專門的政府部門在計畫與提供支持方面所發揮的強大作用。與其他國家的政策相比，很多人認為這種競爭是不公平的，如美國就沒有相應的支持體系。然而，葛列格里‧胡克斯（*1990*）一項成功的個案研究指明了人們常常忽略的一個反例：即美國國防部在國防工業範圍內實施工業計畫，發揮了重要作用。

　　胡克斯為兩個個案提供了量化資料，即航空工業與微電子工業（開發電腦晶片市場與電腦技術，如個人電腦）。傳統觀點認為，一個工業部門（航空部門）依賴聯邦政府的支持，而另一個不依賴政府支持。但胡克斯的資料顯示，國防部在兩個工業部門發展最為關鍵的早期階段，透過財政資助、研究與開發支援，以及為工業產品創造市場等措施來支援它們的發展。這種情況在兩個個案中都出現，而不僅僅是為航空工業所獨有。這就確保了整個論證過程的可信度和說服力。

　　無論是把單個案作為獨立的課題分別研究，還是作為同一研究預先設計的一部分，都可以進行多個案聚類分析。此外，也有運用這項技術分別研究每個個案的情況。因此，這項技術與其他的綜合性研究一樣，都是對一系列單個案研究的結果進行綜合（見專欄30）。如果要進行多

【專欄 30】十一個專案評估和一個跨「個案」分析

鄧尼斯・羅森鮑姆（*1986*）在他編寫的一本書中蒐集了十一個專案評估作為單獨的一章。這十一項評估由不同的研究者承擔，使用了各種不同的方法，不屬於個案研究，對不同社區為防止犯罪行為所採取的防控手段進行了評估。有的評估報告呈現了大量的量化資料，並採用了證據分析。這十一項評估是特意挑選出來的，幾乎每項評估的結果都令人滿意。

本書作者（*Yin, 1986*）對此做過一個跨「個案」分析，把每項評估作為單獨的「個案」來看待。該分析用表格形式細緻地分析並排列了從十一項評估中所得到的資料。因為這十一項評估結果都讓人滿意，透過一個複製式邏輯，在探討任何具體的干預手段之外，還可以對社區如何成功地防治犯罪行為得出總體結論。

個單個案研究，此技術就可以貫穿在其他研究方法的綜合過程中（*Cooper & Hedges, 1994*），或子分析（*Lipsey, 1992*）的各種量化研究技術中。而如果個案數目不多，就需要用到其他方法。

多個案聚類分析的一個常用辦法是編制文件表格，構建一個總體框架來呈現單個案的資料。表5-2就是這樣一個文件表格，它呈現了十四個組織中心的個案研究，每個中心都有一個組織合作者（*COSMOS, 1998*）。十四個中心

| 表 5-2 | 組織合作者之間的合作狀況（十四個中心與他們的合作夥伴組織） |

中心	協同特徵
實驗控制中心組	
1	合作組織的辦公設備與 1 號中心相同，並貫徹 1 號中心的政策，這是合作的條件。1 號中心每年從合作組織的預算中得到 25,000 美元用於軟體與周邊設備、通訊及其他供應品的開銷
2	作為 2 號中心的一個事務單位，其職員在 2 號中心的辦公室工作。2 號中心的上級組織每年向合作組織的預算撥款 2,500 美元作為辦公用地的開銷，並撥款 23,375 美元作為間接開銷
3	與 5 家合作單位在同一個地點辦公
4	合作單位共用辦公空間
5	職員與合作單位的職員在同一個辦公大樓，但不共用辦公空間
6	兩個組織不在同一地點
7	合作單位的職員在 7 號中心的辦公室工作
對照中心組	
8	8 號中心與合作者在全國的 8 個地點共用辦公空間
9	某些地點相同
10	10 號中心與合作者不在同一地點
11	中心與合作單位的職員共用辦公室
12	12 號中心和合作單位的職員在同一個辦公大樓工作
13	13 號中心和合作單位的職員在同一個辦公室工作
14	14 號中心與三家地方合作單位共用辦公室

資料來源：COSMOS 公司（*1998*）

中，七個得到專案支援，其他七個作為對照對象。該研究從兩類中心蒐集資料，以反應中心與合作組織進行資源分享（如共用設施）的能力，這是最初研究的成果之一。

從文件表格反應的總體情況可以看出，實驗控制中心與對照中心在這個結果上沒有差異。若擴充文件表格，可以用同樣的方法對其他過程與業績進行分析；分析所有的表格，就可以對實驗控制中心的工作成績做出跨個案分析的結論。

補充表格能超越個案的某單一特徵，可以以逐一分析每個個案為基礎來列舉出整體特徵。從而探討不同個案之間是否有某些共同點，有沒有哪些個案可以看作同一種類型的個案。從這樣的考察中還可以判定這些個案能否再細分小類，也就是去考慮個體個案的類型，這通常會啟迪、引出深刻的觀點。上例說明，與僅僅分析單個案的特徵相比，跨個案聚類分析同時也涵蓋了更廣泛的對象和特徵。

運用這種個案聚類分析技術時必須注意，分析跨個案表格的關鍵是辨別和解釋，而不是羅列數字。第2章已指出，這個方法與跨實驗的解釋十分類似，二者都不強調數字，也沒有太多的實驗需要分析。作為個案研究者，時刻需要面臨的挑戰是如何在資料支援的基礎上建立有說服力、合理、清晰的論證。

確保高品質的分析

　　無論採用哪種具體的分析策略或技術，必須想盡辦法地確保分析的品質。一項優秀的社會科學研究需要注意和堅持四個原則（Yin, 1994a, 1997, 1999）：

　　第一，分析應明示考慮了所有的資料。分析策略，包括建立的相反假設都應當非常詳盡，儘可能多地獲得所有可能得到的資料，解釋過程也應分析所有的資料，不能有任何紕漏。如果達不到這個標準就有可能忽略一些資料，而這些資料會推導出不同的解釋。

　　第二，如果有可能，分析中應當指出所有主要的競爭性解釋。如果其他人對研究結果的一點或幾點持有不同的解釋，就應把這種解釋作為競爭性解釋進行說明，看是否能找出資料，得到什麼結論。如果找不到資料，那麼要考慮是否應指出這個相反結論屬當前研究的不足之處，需要在以後的研究中進一步調查。

　　第三，個案分析要清晰地說明個案研究中最有意義的方面。無論是單個案還是多個案研究，如果你分析了最重要的問題（最好在個案分析的開始就確定下來），就說明運用了最好的分析技術。如果沒有過多討論次要的問題，分析自然會主次分明，且沒有忽略最主要的問題。

　　第四，個案研究中應合理運用自己原有的專業知識。理想的情況是對研究領域當前的觀點和學術話語非常熟悉。如果你從以前的調查研究與論文中了解到研究課題的各種情況，這是最好不過了。

專欄31中的個案研究，是由一個具備良好的專業素養與豐富實踐經驗的研究小組完成的。該研究分幾個步驟進行，表現出研究者對實證研究的高度重視。這種態度對

【專欄 31】關於國際貿易競爭多個案研究的品質

個案研究分析的品質不僅僅取決於所採用的分析方法。儘管方法很重要，但另一點也同等重要，即研究者在分析過程中要表現出很好的專業素養。馬加齊納和帕蒂金的著作《無聲的戰爭：塑造美國未來的全球商戰》，就表現出這樣的專業素養。

作者把九個個案組織起來。研究在多個個案之間透過複製（replication）的形式進行，分析了有關美國競爭優勢（或劣勢）的幾個主要問題。在每個個案中，作者做了大量的訪談，引用大量文獻，說明研究結果的來源（為保持敘述的連貫性，大量資料都放在附註和附錄裡面，以文件表格、註解和量化表格的形式出現）。此外，作者還說明，透過大量的國內與國際訪談，研究者與研究課題都有過廣泛的個人接觸。

從技術上講，把研究方法作為單獨的章節處理可能會更好。但即使沒有這樣一個獨立的章節，該書中反應認真研究工作，也絕佳地說明了每一位研究者都應該朝什麼方向努力。

於所有的個案研究都是值得借鏡，它不在於把研究方法作為單獨的章節編排在報告或書裡，而是滲透在對個案的陳述中。如果分析能運用好這些及其他研究策略和技術，個案研究分析就會得到充分的肯定與認可。

總結

本章討論了個案研究分析的幾種方法：

第一，要確立一個總體證據分析策略，以降低潛在的分析難度。策略建立的基礎可以是理論觀點、競爭性解釋，或是描述性框架。如果沒有這樣的策略，就不得不玩「資料遊戲」，先對資料做一些初步處理，弄清楚哪些資料值得分析，怎樣進行分析，然後才能對證據分析有較為系統的認識。

第二，在一個選定的總體分析策略下，有幾種具體的分析技術。五種技術為高品質的個案研究奠定了紮實的基礎（如模式匹配、建構性解釋、時序分析、邏輯模型與跨個案聚類分析）。一項研究可能會用到所有這五種技術，如果某項研究包含多個個案，還可以運用類似的複製法則（從而獲得更高的外在效度）。每一個案都還要考慮到相反的觀點和可能破壞內在效度的因素，並進行比較對照。

這幾種技術都不是輕輕鬆鬆就可以運用的，無法簡單地按照書上的步驟機械化地套用。實際上，個案分析是個案研究中最難的部分，缺少經驗的研究者會感到有些困

難，這是不足為奇的。可以先從簡單的個案研究（最好是「雙個案」設計）入手，雖然簡單的課題可能不如期望的那樣複雜和具有創造性，但透過進行簡單的個案研究，可以累積一些經驗，為以後進行更複雜的研究而準備主觀條件。

練 習

1.確立總體分析策略。

如果你已經蒐集了研究資料，但還沒有一個分析策略。想一想你將如何把這些個案資料編排到不同的章節中。使用的標題要有實質性內容（如不要用「引言」作為題目，而在標題裡就說明引言中要談什麼問題，不要怕這樣的標題會長一些）。試著變換每個標題的前後次序，看看這些變化會如何影響你的分析策略。現在找出一個順序，動手把你的資料放到一定的章節中，為進行後面的個案分析做好準備。

2.對分析過程進行分析。

從本書專欄中選擇一個個案，找出一段既有資料也有結論的章節（通常在研究的中間階段），說說這種從資料到結論的關聯是怎樣產生的？資料是用表格還是用其他形式呈現的？研究中有沒有進行比較？

3.綜合量化和質性資料。

設定個案研究中的一些題目，它們要用到量化與質性兩種資料。辨認出兩種類型的資料，設想你已成功地蒐集到這些資料，用什麼方法把兩種資料結合起來或對兩類資料進行比較？每種資料的價值何在？

4.模式匹配。

設計一個在分析中運用模式匹配技術的個案研究。這種方法有什麼獨特的優點和缺點。當只有一個個案的時候，如何運用這種技術做出有說服力的分析？

5.建立一個解釋。

指出你所在的社區（或校園周圍的社區）有哪些明顯的變化，為這些變化做出一個解釋。說明你要蒐集哪些資料來支援或推翻這個解釋。如果你能夠獲得這些資料，你可以保證解釋的完整性和說服力嗎？研究結果對於調查其他社區的類似變化也是有用的嗎？

6.分析時間序列趨向。

確立一個簡單時間序列，如過去二十年中你所在的大學每年正式註冊的學生數目。你如何將這二十年內的一段時間與另一段時間相比較？如果這段時間內學校的入學政策有所改變，將如何比較這些政策的效果？這項研究如何作為有關學校更全面的個案研究中的一部分？

第六章

撰寫個案研究報告

寫作階段對個案研究者的要求最高。個案研究報告並未遵循一些現成的固定形式，比如心理學刊上的論文。而且，報告不需僅做成書面形式，還可以做成對個案研究的一種口頭陳述。有些不願意寫作的研究者，在一開始就會懷疑自己對個案研究是否有興趣。

　　當然，大多研究者最終都能學會輕鬆並熟練地寫作。缺少寫作經驗並非意味著不可以做個案研究，但需要大量的練習。另外，為做好個案研究，應培養良好的寫作能力，而不僅僅是勉強能寫。一個可以部分地預測某人在這個階段能否勝任的觀察指標是在讀高中和大學時，覺得學期論文寫起來是否困難。如果覺得難，那麼寫個案研究的報告也就會很難。另一個指標是，你把寫作看成一個機會還是看成一種負擔。成功的研究者，通常把寫作階段看成一種機會，為知識累積或實踐工作做出重要貢獻的機會。

　　遺憾的是，很少有人會提前考慮到個案研究報告的設計，以及將會遇到的困難。但聰明的研究者甚至在資料蒐集和分析完成之前，就開始動筆寫作。總體來說，寫作階段是極其重要的，因此在個案研究的早期階段就應該給予足夠的重視。

　　儘管有這些建議，可能多數研究者仍然會在研究結束時才考慮寫作。在這種情況下，各式各樣的「寫作短路」都可能出現，甚至無法寫出報告。因此，進行任何個案研究之前，都值得參閱一些講解研究報告寫作的文獻（*Barzun & Graff, 1985; Becker, 1986*）。這些文獻提供了一些很重要的建議，包括記筆記、列提綱、使用簡明的語言、寫

出的句子要清晰、為寫作過程設計一個時間表,以及克服寫作中的惰性。

本章的目的不是重複這些通用的注意事項,雖然這些原則也適用於個案研究,但大多數適用於所有類型的研究。因此,這裡的目的是要專門針對個案研究提供一些建議。本章旨在提綱挈領地講述與個案研究有直接關係的報告寫作工作,包括下面這些題目,每個題目都專設一節介紹:

- 確立研究報告的目標;
- 個案研究報告作為用多種方法進行研究的一部分;
- 個案研究報告的結構;
- 個案研究報告寫作中要遵循的步驟;
- 示範性個案研究特徵的總體思考(超越報告本身,涉及到個案的設計與內容)。

第四章指出,不應把個案研究報告作為記錄與保存個案研究資料的主要手段;第四章曾提倡用建立個案研究資料庫的方法達到這個目的(見第4章,原則2)。本章主要討論個案研究的寫作過程,主要目的是做研究報告,而不是做資料、文獻記錄。

確立研究報告的目標

　　開始撰寫研究報告的時候，最好考慮一下報告會有哪些讀者，報告的格式如何。個案研究與其他類型的研究相比，可以有更廣泛的讀者群，包括：(1)學術界同事；(2)政策制定者、從業者、社區領導，以及個案研究與其他社會科學研究領域之外的專業人士；(3)特殊群體，如學位論文的評審委員會；(4)研究專案的資助者。這裡省略了個案研究最常見的聽眾：參加以個案研究作為教學素材課程的學生。正如本書第1章所指出的，教學中所用的個案是為了教學目的而非研究之用。所謂個案研究的定義和追求的目標是不同的。

　　對大多數的研究報告而言，如實驗報告，第二類讀者通常不會形成，因為很少有人會把實驗研究報告拿去給非專業的人閱讀。但對個案研究報告而言，第二類讀者卻是報告常常要面對的對象。而另一個不同點是，某些類型的研究如評估研究，很少會遇到第三類讀者，因為評估報告不適合寫成學位論文。但社會科學領域有一大批學術論文是以個案研究為基礎的，因此第三類讀者也是個案研究報告的一類常見讀者。

　　因為個案研究比其他類型的研究有更多的讀者，因此總體設計個案研究報告的最主要任務就是確定報告的具體讀者。由於每個讀者都有不同的需要，任何報告都無法同時滿足所有類型的讀者需求。

　　如對學術界同事而言，最重要的內容可能是個案與

個案之間的關係，研究的新發現，以前理論與研究的綜述（見專欄32）。對非專業人士而言，重要的是對真實生活情境的描述，說明研究暗示著需要採取什麼措施。對學位論文評審委員會而言，報告需要體現出對研究方法與理論的熟練掌握，以及對整個研究過程的各種投入。最後，對研究專案資助者而言，既要體現出對研究工作的投入，還要說明研究新發現的重要意義，包括學術價值與實踐意義。如果需要與不同類型的讀者交流，可能就需要寫出幾個版本的個案研究報告。研究者應當認真考慮是否需要這麼做（見專欄33）。

【專欄32】再版的著名個案研究

很多年來，菲力浦・塞爾茲尼克的《美國田納西水利局（TVA）和基層群眾》（*TVA and the Grass Roots*）（*1949/1980*）一直作為公共機構的經典個案研究。隨後很多研究聯邦機構、政治行為和機構反集權的報告都參考、引用該個案。

在首次發表三十年後，該個案報告於1980年被作為圖書館再版圖書之一，被原來的出版商加州出版社重印。這樣的再版發行，讓更多的研究者有機會接觸到這項著名的個案研究，反應了它對這個領域的貢獻。

【專欄33】同一個個案研究的兩種版本

佛羅里達州布羅沃德市的城市，規劃辦公室部署推行了一項始於1982年的辦公自動化系統專案〔《規劃辦公室自動化的政治》（*The Politics of Automating a Planning Office*）（*Standerfer & Rider, 1983*）〕。辦公自動化的推行策略極富於改革精神也很重要，特別在與市政府電腦部門的緊張關係中體現出來。結果，這項個案研究的版本很有趣，內容豐富，廣為流傳，在一本實踐者雜誌上刊登，讀起來既有趣也易懂。

由於這種辦公自動化的實施，同時存在複雜的技術問題，個案研究報告的作者又對感興趣的讀者提供了補充資訊。通俗版提供姓名、地址和電話號碼，以便感興趣的讀者能夠獲得補充資訊。這種個案報告的雙重撰寫，說明同一個個案研究可以寫出很有區別的報告，從而為不同的讀者服務。

個案研究的交流

個案研究和其他種類的研究之間還有一個區別，就是個案報告本身就是有效的溝通手段。對很多非專業人士而言，對一個個案的描述和分析常常能夠讓他們聯想起更為一般的現象。

在向代表委員會作證時，常常出現一種被忽視的情況。如果一位老人對他或她得到的健康醫療服務作證，

委員會的成員可能會認為，透過這一「個案」他們了解到一般老年人的健康醫療服務狀況。只有在這種時候，委員會成員們才願意對類似個案的普遍性做出評論。不久，委員會可能會在新的立法提案之前質問最初這個個案的代表性。而在這樣的整個過程中，最初的「個案」由一位見證人代表的情況，在引起大家對健康醫療問題關注的方面成為關鍵因素。

透過這種和其他一些方式，個案研究報告可以依據建立在研究基礎上的相關資訊與很多非專業人士交流。研究甚至還可以採用錄影帶或其他多媒體設備的形式，而不僅限於陳述性報告的形式（*Naums, 1999, chapter 10*）。因此，個案研究報告的用處遠遠超過了普通的研究報告，因為普通的研究報告一般都是寫給同行而不是業外人士看的（見專欄34）。顯然，描述性個案研究和解釋性個案研究在這方面具有獨特作用，不應忽視一個陳述完備的個案研究報告所具備的潛在描述效果。

【專欄 34】完成一個擁有廣泛讀者群的優質個案研究報告

　　紐斯塔和費因伯格（*Neustadt & Fineberg, 1983*）對一場大規模免疫注射活動的著名分析，最早是由一個1978年的政府報告「豬流感事件：對一種棘手疾病的決策」公布的。這個個案研究從此在公共政策圈裡被廣泛引用，作為詳盡和高品質個案研究的典範，這個個案也常被用作教學目的。

　　但是這份個案研究的原始報告卻很難找到，因為它是由美國政府出版事務辦公室出版的，據原作者說：「有很多優點……但是……文字檔案中沒有精確的改編和儲備版本編號」（*Neustadt & Fineberg, 1983, p. xxiv*）。結果，原來個案研究報告的修改版——對原來的個案增加了新材料——1983年《從未有過的流行病》（*Epidemic That Never Was*）出版了。發行這個得到高度評價的個案研究報告是罕見的例子，說明為了推廣個案研究的傳播可以採取哪些做法。

個案研究報告要以讀者需求為導向

　　總體而言，個案報告的形式應該由讀者的喜好決定。正如從第1章到第5章所介紹的，儘管研究過程和方法還應該遵循其他一些原則，但是報告仍然應該反應、滿足讀者在一些重點、細節、行文形式，甚至文章長度方面的需求。讀者的重要性說明也要蒐集一些正式的資訊，諸如讀

者需要什麼，他們喜歡什麼樣的交流方式（*Morris, Fitz-Gibbon, & Freeman, 1987, p. 13*）。遵循這些原則，本書作者經常提示撰寫學位論文的學生，要意識到論文評審委員可能是他們唯一的讀者。在這種情況下，最終的報告應力求直接把論文評審委員視為讀者對象。一個值得推薦的技巧，是把委員會成員以前的研究結合到論文裡，建立起更多概念（或方法）方面的共識，從而增強與特定讀者群的可交流性。

不論什麼樣的讀者，可能犯的最大失誤就是以自我為中心的角度撰寫報告。如果沒有明確定位特定的讀者群而完成了報告，那麼這種失誤就可能發生。要避免這種失誤，辦法之一就是像前面所說的那樣，確定自己的讀者群；另外一個同樣重要的辦法是，閱讀、探究以前成功地與讀者交流的個案報告。這些以前的報告能為撰寫新報告提供有益的啟示。比如那些寫學位論文的學生，他們應該參考以前已經通過學術審查的論文，或者那些被作為範例的論文。對這些論文的考察，可以得出一些關於院系管理制度（和評審者喜好）的實用資訊，便於設計新的學位論文。

個案研究報告的書面格式

在個案研究報告的書面格式中，至少有四種重要類型。第一種是經典的單個案研究報告。描述和分析個案時要用單人稱敘述，可以用表格、圖表和圖片等說明形式。由於個案研究達到一定的深度，這種典型的單個案研究報

告較有可能以書籍形式出版，因為期刊雜誌不能提供所需的足夠空間。筆者建議，如果你事前知道自己的個案研究屬於這種類型，且又能寫出長度為一本書的報告，就要早點和出版商聯繫。

　　第二種書面格式是包含經典單個案的多個案版本。這種多個案報告包含多人稱敘述，通常分獨立的章節來描述每一個個案。除了對每個個案的單獨敘述，報告還用一個章節做綜合分析，以得出結論。有些情況甚至要求安排幾個章節用於個案綜合分析，而最後定稿時，多個案綜合分析部分需要與單個案分析分開，獨立作為一部分編寫（參見專欄35）。這種情況下，最常用的表述形式是報告主

【專欄 35】多個案研究報告

　　多個案研究報告經常既有獨立的個案研究部分，也有一些綜合分析的章節。撰寫這樣一種多個案研究報告，也許要由幾個作者分擔。

　　這類編排形式，在由雷曾和布里頓（*Raizen & Britton, 1997*）編寫，有關數學和自然科學教育領域八項革新的個案研究中使用到。該項研究報告以《大膽的探索》（*Bold Ventures*）為題，編排了三個獨立的長卷（三卷分別長達二百五十頁、三百五十頁和六百五十頁）。每一個個案研究都在後兩卷出現，而第一卷的七個章節都是綜合分析。很多不同的作者編寫了單個案研究和綜合性章節，整個研究是作為一個整體進行分工合作的。

體包含個案綜合分析部分,而每個個案則放到該卷冗長的附錄裡。

第三種書面格式既可以寫多個案研究,也可以寫單個案研究,但不包含傳統陳述手法。相反,每個個案的報告要遵照一系列問題與答案來編寫,它們以個案研究資料庫的問題和答案為依據(參見第4章)。考慮到報告目的和可讀性,資料庫的內容被壓縮和改編。最終成果採用綜合考試的形式(與此不同的是,個案研究的傳統陳述可能和學期論文的形式相同)。這種問答形式或許不能充分反應你的創造力,但能幫助你避免編寫中遇到的難題(同樣,綜合性考試比學期論文有類似的優越性)。

如果把這種提問、回答的格式用於多個案研究,那麼好處是無限的:讀者只需要考察每個個案研究中同一個問題或所有問題的答案就可以做跨個案比較。因為每個讀者可能對不同的問題感興趣,整個格式對具有特別興趣的讀者做跨個案分析尤其有利(參見專欄36)。《個案研究方法的應用》第2章中,提供了專欄36中所述個案研究的完整樣本。展現了答案格式的問題。

第四種也是最後一種書面報告格式,只適用於多個案研究。這種情況可能沒有獨立的章節敘述單個案。相反地,不論是純描述性的還是闡釋性的問題,整個報告可能都是跨個案分析。在這樣的報告中,每個章節討論的是某一個跨個案分析問題,而每個個案的資訊則分散在各章節裡(參見專欄37),沒有被忽略的話,就會不時簡短地出現。

【專欄 36】問答格式：沒有傳統陳述的個案研究報告

個案研究的證據不一定要透過傳統的陳述形式表達出來。另一種表達證據的格式是以問答形式來表述。可以提一系列問題，並給出一定長度的答案，比如每個答案有三到四段的篇幅。每個答案可以包含所有相關證據，甚至可以用圖表式的表述和摘述。

由全美社區關係委員會（*1979*）所做的四十個社區組織的個案報告《人民，建設社區》（*People, Building Neighborhoods*）就採用了第三種格式。每個個案都用這種問答形式，感興趣的讀者就可以讀完貫穿所有個案的同一問題，做出自己的跨個案分析。這種形式可以讓一些著急的讀者，準確找到每個個案中的相關部分。對於那些因為沒有傳統陳述而感到不滿的讀者，每個個案都要求編撰一段總結，形式不限（但篇幅不能超過三頁），讓作者有空間發揮其文學才能。

最後一點需要注意的是，特定類型的個案研究報告，至少需要在這四種格式中選擇，應在設計個案研究的時候就定好。當然，開始的選擇可能需要修正，因為可能出現一些未能預料的情況，而不同的撰寫格式可能比最初選擇的那種格式更切題。不過，早期的選擇將有助於個案研究的設計和操作。這樣的最初選擇，應該是個案研究方案的一部分，提醒你注意最終報告的隱含特徵及其要求。

【專欄 37】

A.撰寫一份多個案研究報告：沒有陳述的單個案例子

在多個案研究中，對每一個個案的研究不一定總是要在最終的報告裡寫出來。在某種意義上，單個案只是作為研究的例證基礎，可以只在綜合分析時使用。

這種辦法在《聯邦首席官員的行政行為》（*The Administrative Behavior of Federal Bureau Chiefs*）中使用過。這本書是由赫伯特·考夫曼對六個聯邦官員所做的個案研究成果。考夫曼在每位官員身上集中花了一段時間，了解他們的日常生活軌跡。他與這些官員面談，在電話中聽他們講述，出席一些會議，並出席首席辦公室裡的員工討論會。

但是該書的目的並不是刻劃其中任何一位首席官員。相反，它綜合他們的所有資訊，並圍繞這樣的話題加以組織，如官員們如何決策，怎樣接受和評價資訊，如何激勵他們的下屬。在每一個話題下面，考夫曼從六個個案中摘引恰當的例子，但沒有一個個案被作為獨立個案研究加以陳述。

B.撰寫一份多個案研究報告：沒有陳述的單個案例子（來自其他領域）

在另一個領域有類似考夫曼的報告，那就是克蘭·布林頓（*Crane Brinton, 1938*）的著作《革命的剖析》（*The Anatomy of a Revolution*）。布林頓的這本書以四場革命為依據：英國、美國、法國和俄國革命。該書是各革命時期的理論剖析，從這四個「個案」中選出相關的例證。但是，和考夫曼的書一樣，布林頓沒有嘗試把單個革命作為獨立的個案研究加以描述。

作為大型、多方法研究之一的個案研究報告

你所完成的個案研究，可能包含其他方法得出的資料（如調查或者對學生學業成績測試，這樣的檔案資料進行量化分析）。尤其是第2章提到一種可能性，即同一個個案中可能存在嵌入式分析單位，這可能是透過其他方法進行資料蒐集的目標（見第2章，圖2-3）。在這種情況下，即個案研究包含了其他研究方法，而且已經完成的個案研究報告會納入這些其他方法得出的資料報告（參見第4章，專欄18）。

而當個案研究被有意識地設計為一項更大的、多方法研究的組成部分之一時，與上述完全不同的情況就發生了。更大範圍的研究將包含整個個案研究，但同時也獨立報告用其他方法蒐集資料所得出的成果。於是，更大研究的總報告就會以這兩方面的例證為依據。對這種多方法研究的情況要引起更多的關注，從而才能了解它對自己的個案研究有何意義，即使由此撰寫的報告與普通「獨立」研究報告沒有任何區別。

至少有三種不同的理論依據，說明了大範圍的研究需要採用多種方法：第一，大範圍的研究可能要求採用多種方法，以便考察運用不同的方法是否能夠獲得相同的例證（*Datta, 1997*）。在這種情形下，個案研究應該思考那些對其他方法具有導向性作用的研究問題，避免沒有考慮到這些而展開了獨立的調查、分析和撰寫（報告）。在大範圍研究的評估中，將會有一部分比較個案研究結果和其他方

法得出的結果。

第二，大範圍研究可能建立在對檔案資料進行調查和量化分析的基礎上，如研究福利制度下家庭的經濟情況。這個大範圍研究，可能也需要用個案研究來說明單個家庭的不同情況。在這種條件下，個案研究的問題只可能在調查或檔案證據分析之後產生，而且個案的選擇可能在那些被檔案記錄調查過或包括進去的個案庫中進行。這意味著，個案研究的時間安排和方向都取決於其他調查的進展和成果。

第三，大範圍研究可能需要多個個案研究來闡明一些基本過程，並用另外一些方法（如抽樣調查）來解釋這種過程的普遍性或機率。在這種對同一環節相輔相成的互補中，就需要把個案研究的問題和其他方法涉及的問題協調好，互補性調查可以同時進行或即時進行，但每個調查得出的原始分析和報告編寫應該獨立進行（儘管最終分析需要綜合所有不同方法得出的成果）。專欄38包含了這種情況下所進行的兩個大範圍研究案例。

【專欄 38】整合個案研究和調查例證：成果的互補性

　　多方法研究可以編寫成透過不同方法處理的互補性報告。最常見的是，個案研究用於找出過程的原因，而統計則可預測某一現象出現的機率。有兩個研究說明了這種整合。

　　第一個是由美國教育部（*Berman & McLaughlin, 1974 ~ 1978*）資助的一些教育專案研究。該研究既包括對二十九個專案的個案研究，也包括對二百九十三個項目的調查研究，得出了有關教育專案實施過程及其成果的重要認識。另外一個研究（*Yin, 1979*）則把對十九個地方的個案研究與另外九十個地方的調查研究結合起來。該研究發現的成果，對於認識地方公共服務中技術革新的週期具有重要的意義。

　　上述部分說明了個案研究及其報告應該如何與大範圍的研究背景取得一致性。直到現在，本書都沒有提到這種研究背景，假如你所做的是獨立的個案研究，而如果能夠認識到個案研究並非獨立的，那麼就會與其他研究的截止時間、技術方向等取得一致，從而使個案研究報告的寫作進程也可能與事先預想的不一樣。此外，在做出任何承諾前也需要審慎考慮自己的志願和能力。

個案研究報告的例證性結構

必須用某種方式把一份報告的章、節、小標題及其他組成部分協調好，這構成了個案研究報告的寫作框架。設定這種框架，也是很多研究方法中值得注意的問題。如吉德爾和賈德（*Kidder & Judd, 1986, pp. 430~431*）所寫的關於「沙漏」形態的量化研究報告。類似在人種誌領域，約翰・范・馬寧（*John Van Maanen, 1988*）創立的一種用「小故事」形式報告實地調查結果的理念。他劃分出幾種不同類型的小故事：現實主義、懺悔型、印象型、評論型、正式的、文學性的以及混合講述的故事。這些不同的種類可以運用於同一份報告中的不同部分。

另外，還有一些個案報告寫作的結構類型。本節提出六種例證性結構（見表6-1），可用於前述任何一種個案研究。這種例證主要是依據單一個案研究的寫作來進行，且對多個案研究報告的寫作也同樣適用。需要進一步說明的是，如表格6-1所示，前三種結構對描述性、探索性和闡釋性的個案研究都適用，第四種結構主要是適用於探索性和闡釋性的個案研究，第五種結構則適用於解釋性個案研究，第六種結構適用描述性個案研究。

| 表 6-1 | 六種結構及其在不同個案研究目的中的適用性 |

結構類型	個案研究的目的 （單個案或多個案）		
	闡釋性	描述性	探索性
1. 線性分析式	✓	✓	✓
2. 比較式	✓	✓	✓
3. 時間順序	✓	✓	✓
4. 理論建構式	✓		✓
5. 懸念式	✓		
6. 無序（混合）式		✓	

線性分析式結構

　　這是一種撰寫研究報告的標準結構。子題目順序遵照研究的問題或專案的順序，且以綜述相關文獻資料作為開頭；然後應概述所使用的研究方法，從蒐集和分析的資料中得出的成果，以及這些成果的結論和意義。

　　與很多個案研究報告一樣，大部分實驗科學的期刊文章也都體現了這種結構特徵。當個案研究的主要讀者對象是研究同行們或者論文評審委員時，大部分研究者都覺得這種結構很好，甚至認為是最好的。須注意的是，這種線性分析式結構對闡釋性、描述性和探索性個案研究都適用。如一個探索性個案需要包含探索的問題、使用的探索方法、探索成果以及（進一步研究的）結論。

比較式結構

比較式結構把同一個個案重複兩次以上，比較對相同個案的不同陳述或解釋。這方面最好的例子是亞里森和查利克對古巴導彈危機的著名個案研究（參見第1章，專欄1）。在該書中，作者把該個案研究中的「事實」重複敘述了三遍，每次都與不同的理論模型相關。重複敘述的目的是要證明這些事實在何種程度上適合某一個模型，而這些重複實際上體現了作者使用哪一種模式比較恰當。

即便一個個案研究以描述而非闡釋為目的，它也可以採用類似的結構。同一個個案可以從不同的角度，或者用不同的敘述手法進行反覆描述，以便確定該個案如何依據描述目的採取最佳分類，正如心理學上為臨床病人得出正確的診斷。當然，比較式結構也可能有其他變化形式，但主要特徵是整個個案研究（或者綜合個案分析的結果）用一種明顯的比較方法重複兩次以上。

時間順序結構

由於個案研究通常包含一段時間內的一些事件，第三種結構就是依據時間順序陳述個案研究的例證。這時章節的順序可以根據個案發展早期、中期和末期的時間順序來安排。這種結構在解釋性個案研究中具有重要意義，因為事件的因果順序必須一件接一件以時間順序展開。如果一件事的起因在其結果產生之後才發生，那麼我們有理由質疑先前的因果命題。

不論是以闡釋還是以描述為目的，時間順序都需要克服一個缺陷：即通常對早期事件關注過多，而對後來的事件卻關注不足。最常見的是，研究者會花費過多精力撰寫報告的介紹部分，包括早期歷史和背景介紹，而對該個案的現狀則描述不足。為了避免這種情況，筆者建議採用時間順序式結構時，採用倒敘手法起草個案報告。與個案現狀有關的章節先寫，寫完之後再寫背景介紹。一旦初稿完成後，再按時間的先後順序編撰個案研究報告的完稿。

理論建構式結構

　　在這種結構裡，章節的順序依照一些理論建構的邏輯來安排。所謂邏輯，取決於特定題目或理論，但每一章或每一節都應揭示出理論論證的新部分。如果結構處理得好，整個順序就具備獨特的表述風格，給人深刻的印象。

　　這種結構適用於闡釋性和探索性個案研究，這兩種研究都涉及到理論建構。闡釋性個案需要研究因果論證的幾個方面；探索性個案則需要論證進一步研究幾種假設或命題的價值。

懸念式結構

　　這種結構與前面講的線性分析式結構正好相反。個案研究的直接「答案」或結果，在開頭的章節裡陳述。剩下引人入勝的主要部分，則用於解釋這種結果的形成，以及

後面章節中採用的各種闡釋方法。

　　這種結構主要適用於解釋性個案研究，因為描述性個案研究並沒有十分重要的結果。妥善運用這種闡釋性結構，通常會創造漂亮的行文結構。

無序（混合）結構

　　無序式結構中章節的順序並不是特別重要，這種結構通常用於描述性個案研究。如第5章引用的《中鎮》（*Lynd, 1929*）。通常，讀者會改變該本書的章節順序，但不會改變其敘述價值。

　　對機構的描述性個案研究，經常表現出相同的特徵。這些個案研究會用獨立的章節描述某個機構的起源和歷史、隸屬關係和雇員、生產線、組織模式、財政狀況等等。安排這些章節的順序並不特別重要，因此可能被劃分為無序式結構（還有一個例子，參見專欄39）。

　　如果運用無序結構，研究者則需要考慮一個問題：對完整性的檢查。因此，儘管章節的順序或許並不重要，但是總體的完整性卻很重要。如果某些重要題目疏漏了，整個報告就會顯得不完整。研究者必須熟知這個題目，或者能夠參考相關模式，以避免此類問題。如果沒有其他原因，而沒對個案研究做出完整的描述，那麼，研究者會被認為是不客觀的，儘管其研究只是描述性的。

【專欄 39】 無序的章節，書卻很暢銷

　　一本暢銷書吸引了普通讀者也吸引了學術界，那就是彼得斯和沃特曼（*Peters & Watermans, 1982*）的《追尋完美》（*In Search of Excellence*）。儘管該書以美國六十多個成功大企業的個案研究為基礎，它卻只包含了綜合個案分析，每章都蘊含一種和企業成就相關的普遍特徵。但是，這些章節的順序卻是可以變動的，即便章節順序做些調整，這本書仍然具有自己的價值。

撰寫個案研究報告的步驟

　　每個研究者都應有一套完整的分析社會科學資料和撰寫實證性報告的步驟。很多書就「如何形成自己的步驟」提出了良好的建議，包括使用檔案處理軟體的利與弊，它們不一定就能節省時間（*Becker, 1986, p. 160*）。這些書籍中大多指出寫作意味著反覆修改，而很多學生則不以為然，在研究生涯的早期，他們常低估了修改的作用（*Becker, 1986, pp. 43~47*）。修改得越多，特別是根據別人的評語修改，最後寫出來的報告就越好。在這種意義上，個案研究報告和其他研究報告並沒有什麼不同。

　　但是，三個重要步驟與個案研究報告關係十分密切，需要特別加以說明：第一步是開始寫作的一般技巧；第二

步則涉及是否需要隱匿個案名稱；第三步則是強化個案研究的建構效度。

何時以及如何開始撰寫

第一步是早在分析階段就開始撰寫報告。儘管有專家告誡大家「提筆寫作永遠都不嫌早」（*Wolcott, 1990, p. 20*）。實際上，幾乎從一項研究啟動時，報告的某些部分就可以開始撰寫初稿了，這種起草工作甚至在資料蒐集和分析完成之前就應當開始。

如在寫完文獻綜述後，個案研究設計也做好了，那麼報告的兩個章節就可以草擬初稿：即參考書目部分和方法論部分。如果有必要，參考書目可以隨著引用新的文獻而增加，但大體上，主要文獻將會被文獻綜述涵蓋。因此這時應該擬出引用資料，以便確定它們是完整的，同時也便於寫出參考書目的初稿。如果有些引用資料不完整，其餘的細節可以隨個案研究的展開而補充完整。這將能避免那些最後擬寫書目的研究者常犯的錯誤，即在研究快要結束時，花大量時間做文書處理人員的工作，而不是集中精力完成更重要（也是更愉快）的任務，如寫作、修改和編輯。

方法論部分也可以在這個階段起草，因為資料蒐集和分析的主要程序已經成為個案研究設計的一部分。這個部分可能不會成為最後成文的正式部分，但可以被編寫成附錄形式。不過，方法論部分無論是編寫成正文還是附錄都

應該在這個早期階段撰寫初稿。因為，當時你會非常清晰地記得研究方法和過程。

　　在蒐集資料之後，分析開始進行之前，另外一個可以起草的章節則包括研究個案的描述性資料。儘管方法論部分已經包含了個案選擇的問題，但描述性資料應包括關於個案的質性和量化資訊。在這個階段，你可能沒有確定最終將使用哪種個案研究模式，以及使用哪種報告結構，但是描述性資料很可能會提供幫助，它們本身的編寫也與研究模式和報告結構無關。此外，起草描述性章節，即便是用簡略方式，可能也對整體模式和結構有所啟發。

　　如果能在證據分析完成之前起草這三部分，那麼會贏得極大的優勢。另外，這些部分需要豐富的文獻證據（如最終個案研究方案的備份），而蒐集這些資料的最佳時機就是這個研究階段。如果所有的細節：摘錄、參考書目、結構性標題、人名的拼寫，都在資料蒐集的過程中準確收錄並加到報告中，那麼將受益無窮（*Wolcott, 1990, p. 41*）。

　　如果這部分初稿寫得很好，那麼就可以投入更多的精力，去做分析工作以及形成結論和新發現的工作。早點動手寫作，也有另外一個重要的心理功能：可能會逐漸習慣這種寫作過程，而有機會在任務變得棘手前就已有所準備。當然，如果認為其他部分也可以在早期階段撰寫初稿，那麼也應該動手去寫。

個案的性質：真實的還是匿名的

近來，每個個案都允許研究者有權選擇匿名處理方式。個案研究中的專有名詞和資訊提供者、參與者的名字應該被公布還是隱藏起來呢？需要注意，匿名問題在兩個層次上存在：整個個案（或個案群）的匿名以及個案（或個案群）中個人的匿名。

明示個案和其中個人的身分，這種想法非常好。這麼做會帶來兩個好處：第一，在閱讀和解析個案報告時，有助於讀者回憶起之前所知道的關於同一個案的其他資訊，從以前的研究或其他來源獲得的資訊。這種把新個案研究與以前的研究綜合起來的能力非常重要，這和閱讀一套新實驗報告時回憶起實驗結果的能力類似。第二，整個個案變得更明白易懂，在必要時還可查閱附註和引文，同時也便於對已發表的個案資料形成恰當的評論。

但是，有些情況下必須採用匿名方式。最普遍的原因是該個案屬於爭議性議題，匿名就能保護實際的個案對象和參與者。另一個原因是，最終個案報告的發行可能會影響研究對象將來的行動。這一原因於懷特（*1943/1955*）的著名個案研究報告《街角社會》（關於一個匿名社區 Cornerville）中體現出來。當然，當研究者隱瞞個案或當事人時，其他的同事，如參加個案研究的團隊，通常能辨別出這些個案和當事人。在《街角社會》和《中鎮》中，其他的社會學家懷特和林德的研究團隊，都能清楚地識別個案和當事人。出於說明的目的，該個案研究可能只是描

繪一種「理想模式」，這樣的個案就沒必要透露其中人物的身分。林德的《中鎮》中也體現了這種原因，研究中的小城市、居民和產業都是匿名的（*Lynd & Lynd, 1929*）。

不過，即使在正當匿名的情況下，還可以找到其他折衷辦法。首先，應該確定僅隱瞞個案中個人的身分是否足夠，從而準確保留個案對象的名稱。

另外一種折衷辦法是顯示個人的名字，但要避免從任何角度把原因歸結到個人身上或對個體發表評論，同時也讓個案對象自身能被準確識別。當需要保護某個個體的隱私時，這種辦法最好。但是不點名也許並不能完全維護他人的隱私，可以去掉評論，這樣涉及個案的人都無法推測出它們的來源。

至於多個案研究，第三種折衷辦法是避免撰寫任何單個案報告，而只寫綜合個案分析。這種情況大致上相當於研究過程中使用的做法，即不披露個人的情況，已發表的報告僅局限於總體資料。

只有在這些辦法無法實現的情況下，研究者才應考慮隱匿整個個案研究和知情人士的名字。但是，匿名並不是首選的辦法。因為匿名不僅僅排除了關於個案的一些重要背景資訊，還使報告的寫作變得很難。須注意的是，個案和它的組成部分應系統地從真實身分轉變成虛構的身分，研究者必須努力保證更改前後的一致性。不應該低估這個程序所花費的代價。

個案研究報告初稿的檢查：確認程序

撰寫個案研究報告應該遵循的第三個步驟和研究的整體品質有關。這個步驟需要讓別人評論報告初稿，不僅由同行評論（這和所有研究報告初稿的評論一樣），還應該由個案的參與者和資訊提供者來評論。如果他們的評語特別有幫助，研究者可能需要把它們作為整個個案研究報告的組成部分展示出來（見專欄40）。

【專欄40】評論個案研究及列印評語

改進個案研究品質的一個主要途徑，是讓那些曾經是研究被試者評論個案初稿。馬文・阿爾肯等人（*Marvin Alkin et al., 1979*）編撰的一套包含五個個案研究的報告就遵循了這個步驟。

每個個案研究都涉及一個學區及其對學生表現使用評估性資訊的處理方法。作為分析和報告撰寫過程的一部分，每個個案研究報告的初稿都由相關學區的受試者評論。透過研究者，為這個目的設計的開放式問卷獲得評語。在有些情況下，受試者的回答很有啟發性和幫助作用，因此，研究者不僅修訂了他們的原始材料，還列印回答內容，作為報告的一部分。

根據這些補充的例證和評語，所有的讀者都能對例證的充分性得出自己的結論。遺憾的是，這個步驟在傳統個案研究中很少被採用。

　　這種評論並非僅僅是職業禮貌。按道理，這個程序應被看作對研究中所引用的事實和證據真實性進行確認的途徑。但實際上，人們往往並不這麼認為（*Schatzman & Strauss, 1973, p. 134*）。證據提供者和參與者可能對研究者的結論和解釋保留看法，但他們對個案的事實應不持異議。如果他們在評論過程中，對個案中的證據真實性提出異議，那麼研究者就應該明白，此時完成個案研究報告為時尚早，必須進一步尋找相關證據來解決評論者提出的異議。通常，評論初稿的過程也會產生更多證據，因為證據提供者和參與者可能回憶起他們在資料蒐集階段所遺忘的資料。

　　即便個案研究或者有些部分需要隱瞞身分，這類評論工作仍然應該進行。在這種條件下，初稿必須讓被調查者和參與者審閱。在他們評論完初稿、對所有事實的分歧得到解決之後，研究者可以隱瞞身分，從而只有被調查者和參與者知道那些真實的身分。懷特完成《街角社會》初稿時，他遵循了這個步驟，把初稿給他主要的被調查人「多克」看，他寫道：

> 　　筆者寫報告的時候，把幾個部分拿給多克看，並和他一起閱讀全文。他的評論對我的修改工作十分重要（*p. 341*）。

從方法論的角度看，這個過程所做的更正工作將增進個案研究的準確性，從而增加研究的建構效度。這樣，對一個個案做出錯誤結論的機率就減小了。另外，在沒有客觀真理存在的情況下，由於不同的參與者對相同事件有不同的解釋，評論過程有助於區別幾種觀點，而這些觀點可能在

個案報告中出現。同時,你不必對關於初稿的所有評論做出回應。比如,有權堅持自己對例證的解釋,不必機械化地把被調查者的解釋納入報告中。

由被調查者對個案研究報告初稿進行評論,顯然會延長完成報告所需的時間。被調查者和學術評論人不同,他們可能會把循環評論當作開始新一輪對話的機會,談論個案的各個方面,從而延長評論時間。你必須預見到這些拖延情況,不要將它們作為省略評論步驟的藉口。仔細關注這個過程,有助於寫出高品質的個案研究報告(見專欄41)。

【專欄 41】 個案研究的正式評論

和其他所有的研究成果一樣,評論過程在提高和保證最終報告的品質方面,具有重要的作用。對個案研究而言,這種評論過程至少應該包含個案研究報告的初稿。

有一個系列個案研究遵循了這個步驟,可以作為典範,那就是美國技術評估辦公室(1980~1981)主持的一系列研究。十七個關於醫療技術的個案研究中,每個都「至少被二十個,多則被四十個以上的外部評論人評審過」。另外,評論人體現了不同的觀點意見,包括政府機構、專業社團、消費者和公眾利益團體、醫療行業、醫藥學界、經濟學和決策科學等各個角度。

其中一個個案研究的最終報告公布了一個評論者提出的競爭觀點以及報告作者的回應。這種開放式交流增強了作者對個案研究結論的解釋能力,提高個案證據的整體品質。

示範性個案研究的特徵有哪些

在所有關於個案研究方法的討論中，對示範性個案研究下定義是最具挑戰性的任務。儘管沒有直接的依據，但有些推論似乎可以作為本書的恰當結論。這種推測也是基於某些經驗。作為早期調查的一部分，要求二十一名知名的社會科學家提出最好的個案研究標準。這些標準也在示範性個案研究中獲得反應。

示範性個案研究所需要運用的，遠不止本書已經強調的各種方法、技術。作為個案研究者，即使已經採用了最基本的技術，設計個案研究規劃草案、保持例證的一致性、建立個案研究資料庫等等，仍然可能難以做出示範性個案研究。對掌握這些技術，能使人成為一位好的技師，卻不一定能成為受人尊敬的科學家。做個類比，如編年史家和歷史學家的區別：雖然前者技術上正確，但卻沒有後者所具備的考察人類或社會進程的獨特眼光。

下面介紹示範性個案研究的五大特徵，希望它們對你的個案研究有長久的指導性意義。

個案研究必須要有價值

第一個普遍性特徵可能超出了很多研究者的控制範圍。如果一個研究者只能觸及少數「研究點」，或者資源非常有限，那麼單就某一個問題的個案研究可能會顯得意義不大。這種情形不大可能產生示範性個案研究。但是，在可以選擇的情況下，優秀的個案研究很可能是這樣的：

- 個別的個案或個案群並不常見，一般具有公共利益；
- 從理論角度、政策或從實踐角度看，根本性議題具有全國性的意義；
- 或者前兩種條件都得到滿足。

如某單個案研究，首先，可能由於個案本身具有啟示性而被挑選了出來，即這個個案反應了某些社會科學家過去無法考察到的真實情景。這個啟示性個案本身就很可能被看成一種發現，為進行一項成功的個案研究提供了機會。其次，一項重要的個案可能由於要比較兩個相互對立的命題而被選定；如果命題在一個著名理論中處於核心地位，或者反應了公眾觀點的重大分歧，那麼這種個案研究就很可能具有重大意義。再設想一種情形，即實踐發現和理論發展都蘊含在同一個案研究中，就像一項多個案研究中的每個個案都能有所發現，且個案間的綜合分析對重大的理論突破也有所貢獻。這種情形的確對一項示範性個案研究不無裨益。

與這些有利情形相反的是，很多學生選擇的研究課題不是不具有重要性，就是過於陳舊。其實，學生只要在現有研究體例上改進並把作業做好，就可以避免這種情況。在選擇一項個案研究之前，學生應該假設該項研究能夠成功地完成，並詳細敘述其研究意義。如果出現令人不滿意的情況，可能就需要重新考慮是否應當進行這項個案研究。

個案研究必須「完整」

　　這個特徵極難進行操作性描述。但是，在個案研究實施過程中，這種完整性非常重要，這和設定一套完整的實驗室試驗（或完成一部交響樂曲，抑或大型壁畫）的完整性同樣重要。從哪些方面努力是值得思考的問題，但這方面的指導性文獻卻很少。

　　對於個案研究而言，完整至少有三種表現方式：首先，在完整的個案中，該個案的邊界，即被研究的現象與背景之間的區別應得到明確而詳細的說明。如果只是機械性地完成這一點，如在一開頭就聲明只考慮人為劃分的時間或空間界線，那麼很可能產生一項不成功的個案研究。最好的辦法就是透過邏輯論證或陳述證據說明，達到分析範圍邊緣的時候，資訊和個案研究的相關性不斷降低。這種對研究界限的測試，可用於整個個案研究的分析和報告階段。

　　第二種方式涉及證據的蒐集。完整的個案研究，應令人信服地顯示研究者投入了大量精力蒐集相關證據。這些證據的記錄不一定放在個案的文件中，否則會使正文變得繁雜、枯燥，收入附註、附錄等部分就行了。不過，總體目標是讓讀者確信研究者已經蒐羅了限定範圍內所有的證據。這並不是說研究者應該蒐集到所有現存的證據，這是不可能完成的任務；只需保證「全面」關注了所有的重要證據，如這些關鍵證據是那些代表競爭性觀點的證據。

　　第三種方式涉及缺乏某些工作條件的情況。如果研究

僅僅因為資源用盡，或因為研究者的時間不夠（學期結束的時候），或因為面臨其他非研究性限制而停止，這樣的個案研究就是不完整的。如果一開始就知道時間或資源有限，有責任心的研究者就應該設計一項能夠在這些有限條件下完成的個案研究，而不是達到或超出他／她的限制。這種設計要有豐富的經驗，也要有一些機遇。不過，這些條件都是產生優秀個案研究的條件。不幸的是，如果在個案研究中突然出現時間或資源嚴重短缺的情況，那麼做出來的個案研究幾乎不可能會很成功。

個案研究必須考慮不同的觀點

對於解釋性的個案研究，一個很有效的方法就是考慮對立的觀點，從這些對立的角度分析證據（參見第5章）。即便是探索性或描述性的個案研究，如果從不同角度考察證據，個案研究的品質通常會更高。

如一項未能考慮各種不同角度的描述性個案研究，就可能會引起批判性意識很強的讀者懷疑。研究者可能沒有蒐集到所有相關證據，可能只關注了支持一種觀點的證據。儘管研究者並非刻意表達某些成見，但可能因為不願意考慮不同的描述角度，從而陳述了一個片面的個案。迄今，這類問題都還不斷出現。對企業機構的研究好像總是代表管理的角度，而沒有考慮工人的角度；社會集團對於性別問題和多元文化主義的問題，似乎總是十分遲鈍；針對青少年的專案，彷彿總是代表成年人而忽略青少年的觀點。

要充分體現各種來自不同角度的觀點，研究者必須找出那些最嚴峻地挑戰個案研究設計的對立觀點。這些觀點可能在互補的文化觀點中、不同的理論中、參與個案研究的人或決策者的不同想法中，或者一些類似的對比中找到。

　　很多時候，如果研究者向一位具有批判思維的聽眾描述個案研究，聽者會立刻提供對個案事實的不同解釋。在這種情況下，研究者很可能為自己辯護，爭辯最初的解釋是唯一正確的或者切題的。實際上，優秀的個案研究能夠預計到這些「顯而易見的」不同意見，儘可能強烈地堅持自己的立場，透過實證證明這些不同意見的基礎是能夠被推翻的。

個案研究必須具有充要的依據

　　儘管第4章鼓勵研究者建立一個個案研究資料庫，但是個案研究報告還是必須包含個案研究的重要依據。優秀的個案研究會明智而有效地陳述最相關的依據，這樣讀者才能自己判斷出該個案分析的優勢和特點。

　　篩選依據並不允許帶有偏見的做法，如只選擇那些支持研究者結論的證據。恰恰相反，證據應該客觀地陳述出來，應該有支持性的，也有質疑性的資料。這樣，讀者才能自己得出結論，清楚某種分析解釋是否合理。然而，這種選擇還是必要的，有助於報告只採用最關鍵的證據，而避免雜亂無章、敘述有力但不太關鍵的證據。這樣的選擇

對研究者約束很大，因為他們通常都想陳列出所有的證據材料，誤以為單靠篇幅或數量就能夠左右讀者的判斷（事實上，純粹的長篇大論只會讓讀者感到厭倦）。

另外一個目標是提供充分的證據，使讀者信服研究者「熟知」其研究對象。如在實地調查研究中，陳述證據應該讓讀者相信，研究者的確到過該地做了透徹的問卷調查，並且早已十分精通實例中的問題。大多數個案研究中體現了類似的目標：研究者應向讀者說明每一件實例都是被平等看待的，還應說明綜合各實例得出的結論是客觀的，沒有對其中某個或某幾個個案投入不充分的情況。

最後，充分陳述重要證據時應做些提示，說明研究者仔細考慮過證據的效度，如保留了一系列證據。這並不是說，所有的個案研究都需要套用方法論的規則來長篇大論、專門論述。幾個恰到好處的附註就能解決問題。個案研究序言中的幾句話就能概述保證效度的關鍵步驟，或者表格、圖表的註解也能發揮作用。舉個反例，沒有註明證據來源的表格或圖表，就是研究者粗心馬虎的標誌，令讀者會對該研究的其他方面更加挑剔和存疑。這種情況下，是不可能產生個案研究的典範。

必須以吸引讀者的方式編寫個案研究報告

最後一項特徵，是關於個案研究報告編寫的。不論用何種手段（書面報告、口頭陳述或者其他形式），報告應該引人入勝。

對書面報告而言，意味著既要有清晰的寫作風格，又能不斷吸引讀者讀下去。一份好的報告應是那種能「誘惑」讀者眼球的作品。讀到這樣的報告時，讀者的眼睛不想離開頁面，會一段接一段、一頁接一頁地讀下去，直到疲倦為止，這種誘惑應該成為編寫所有個案報告的目標。

寫出這種文章需要才能和經驗。如果一個研究者為相同的讀者群寫作的頻率越高，溝通起來就可能更有效。不過修改得越多，報告的清晰度也會越高，這一點值得向大家積極建議。研究者在使用電子寫作工具時，沒有理由省略修改這道工作。

吸引讀者，引人入勝，極具誘惑力，這些都是個案研究非比尋常的特徵。要編制這樣一份個案報告，研究者必須對相關調查研究感興趣，並且願意廣泛交流自己的研究成果。實際上，優秀的研究者甚至可能會認為他的個案研究要有驚天動地的結論。應把這種熱情貫穿於整個研究過程，從而最終催生一項示範性的個案研究。

練 習

1.確定讀者對象。

說出幾種你能想像到的個案研究報告的讀者群。對於每一類讀者，列出你認為應該突出或淡化的個案研究特徵。同一份個案報告能夠滿足所有讀者群的需求嗎？為什麼？

2.減少報告寫作的障礙。

每個人在寫作時都會遇到困難，無論所寫的是不是個案研究。為了成功地編寫，研究者必須在研究過程中採取有效措施，從而減少編寫報告的障礙。舉出五個你會採取的措施，比如在研究早期就開始撰寫報告的一部分。你是否曾經用過這五個措施呢？

3.預計評論過程中的問題。

個案研究報告通常透過聽取別人的意見而得以改進，那些人就是該研究的被試對象（或參與者）。討論一下聽取這種意見的利弊，對於品質控制目標能有什麼具體的好處？有什麼不利之處？總體權衡這些意見有價值嗎？

4.個案研究要保持匿名操作。

找出一項隱匿真名的「個案」研究（如參見本書專欄2、8、9和14）。使用這項技巧的優缺點有哪些？在報告自己的個案研究時，你會採用什麼方式？為什麼？

5.界定一個好的個案研究。

選一個你認為最好的個案研究（可以從本書的專欄中選取）。成為一個好的個案研究的因素是什麼？這些特徵為何在別的個案研究中很少見？要進行一項更好的個案研究，你會做出哪些努力？

參考文獻

Agranoff, R., & Radin, B. A. (1991). The comparative case study approach in public administration. *Research in Public Administration, 1,* 203-231.

Alkin, M., et al. (1979). *Using evaluations: Does evaluation make a difference?* Beverly Hills, CA: Sage.

Allison, G. T. (1971). *Essence of decision: Explaining the Cuban missile crisis.* Boston: Little, Brown.

Allison, G. T., & Zelikow, P. (1999). *Essence of decision: Explaining the Cuban missile crisis* (2nd ed.). New York: Addison Wesley Longman.

Barzun, J., & Graff, H. (1985). *The modern researcher* (4th ed.). New York: Harcourt Brace Jovanovich.

Basu, O. N., Dirsmith, M. W., & Gupta, P. P. (1999). The coupling of the symbolic and the technical in an institutionalized context. *American Sociological Review, 64,* 506-526.

Becker, H. S. (1958). Problems of inference and proof in participant observation. *American Sociological Review, 23,* 652-660.

Becker, H. S. (1963). Becoming a marijuana user. In H. S. Becker (Ed.), *The outsiders* (pp. 41-58). New York: Free Press.

Becker, H. S. (1967). Whose side are we on? *Social Problems, 14,* 239-247.

Becker, H. S. (1986). *Writing for social scientists: How to start and finish your thesis, book, or article.* Chicago: University of Chicago Press.

Becker, H. S. (1998). *Tricks of the trade: How to think about your research while you're doing it.* Chicago: University of Chicago Press.

Berman, P., & McLaughlin, M. (1974-1978). *Federal programs supporting educational change* (8 vols.). Santa Monica, CA: RAND.

Bickman, L. (1987). The functions of program theory. In L. Bickman (Ed.), *Using program theory in evaluation* (pp. 5-18). San Francisco: Jossey-Bass.

Bickman, L., & Rog, D. J. (Eds.). (2000). *Handbook of applied research methods.* Thousand Oaks, CA: Sage.

Blalock, H. M., Jr. (1961). *Causal inferences in nonexperimental research.* New York: Norton.

Blau, P. M. (1955). *The dynamics of bureaucracy.* Chicago: University of Chicago Press.

Boruch, R. (1993). *Conducting randomized experiments.* Thousand Oaks, CA: Sage.

Boruch, R., & Foley, E. (2000). The honestly experimental society. In L. Bickman (Ed.), *Validity & social experimentation: Donald Campbell's legacy* (pp. 193-238). Thousand Oaks, CA: Sage.

Bouchard, T. J., Jr. (1976). Field research methods. In M. D. Dunnette (Ed.), *Industrial and organizational psychology* (pp. 363-413). Chicago: Rand McNally.

Boyatzis, R. E. (1998). *Transforming qualitative information: Thematic analysis and code development.* Thousand Oaks, CA: Sage.

Bradshaw, T. K. (1999). Communities not fazed: Why military base closures may not be catastrophic. *Journal of the American Planning Association, 65,* 193-206.

Brinton, C. (1938). *The anatomy of a revolution.* Englewood Cliffs, NJ: Prentice Hall.

Campbell, D. T. (1969). Reforms as experiments. *American Psychologist, 24,* 409-429.

Campbell, D. T. (1975). Degrees of freedom and the case study. *Comparative Political Studies, 8,* 178-193.

Campbell, D. T., & Stanley, J. (1966). *Experimental and quasi-experimental designs for research.* Chicago: Rand McNally.

Campbell, J. P., Daft, R. L., & Hulin, C. L. (1982). *What to study: Generating and developing research questions.* Beverly Hills, CA: Sage.

Carroll, J., & Johnson, E. (1992). Decision research: A field guide. *Journal of the Operational Research Society, 43,* 71-72.

Caulley, D. N., & Dowdy, I. (1987). Evaluation case histories as a parallel to legal case histories. *Evaluation and Program Planning, 10,* 359-372.

Chaskin, R. J. (2001). Building community capacity: A definitional framework and case studies from a comprehensive community initiative. *Urban Affairs Review, 36,* 291-323.

Cochran, W. G., & Cox, G. M. (1957). *Experimental designs* (2nd ed.). New York: John Wiley.

Cook, T. D., & Campbell, D. T. (1979). *Quasi-experimentation: Design and analysis issues for field settings.* Chicago: Rand McNally.

Cooper, H. M. (1984). *The integrative research review.* Beverly Hills, CA: Sage.

Cooper, H. M., & Hedges, L. V. (Eds.). (1994). *The handbook of research synthesis.* New York: Russell Sage Foundation.

COSMOS Corporation. (1983). *Case studies and organizational innovation: Strengthening the connection.* Bethesda, MD: Author.

COSMOS Corporation. (1984a). *Microcomputer implementation in schools.* Bethesda, MD: Author.

COSMOS Corporation. (1984b). *The utilization of research: Lessons from a multi-disciplined field.* Bethesda, MD: Author.

COSMOS Corporation. (1998). *Evaluation of MEP-SBDC partnerships: Final report.* Report prepared for the National Institute of Standards and Technology, U.S. Department of Commerce, Gaithersburg, MD.

COSMOS Corporation. (1999). *Evaluation of the CDC-supported technical assistance network for community planning.* Report prepared for the Centers for Disease Prevention and Control, Atlanta, GA.

COSMOS Corporation. (2000). Cross-case analysis of transformed firms. In *More transformed firms case studies* (pp. 111-123). Gaithersburg, MD: National Institute of Standards and Technology, U.S. Department of Commerce.

COSMOS Corporation. (2001). *Reforming K-12 mathematics and science education: Ongoing lessons.* Report prepared for the National Science Foundation, Arlington, VA.

Crabtree, B. F., & Miller, W. L. (Eds.). (1999). *Doing qualitative research* (2nd ed.). Thousand Oaks, CA: Sage.

Crane, J. (Ed.). (1998). *Social programs that work.* New York: Russell Sage Foundation.

Creswell, J. W. (1998). *Qualitative inquiry and research design: Choosing among five traditions.* Thousand Oaks, CA: Sage.

Crewe, K. (2001). The quality of participatory design: The effects of citizen input on the design of the Boston Southwest Corridor. *APA Journal, 67,* 437-455.

Cronbach, L. J., et al. (1980). *Toward reform of program evaluation: Aims, methods, and institutional arrangements.* San Francisco: Jossey-Bass.

Dabbs, J. M., Jr. (1982). Making things visible. In J. Van Maanen et al. (Eds.), *Varieties of qualitative research* (pp. 31-63). Beverly Hills, CA: Sage.

Datta, L. (1997). Multimethod evaluations. In E. Chelimsky & W. R. Shadish (Eds.), *Evaluation for the 21st century* (pp. 344-359). Thousand Oaks, CA: Sage.

Denzin, N. K. (1978). The logic of naturalistic inquiry. In N. K. Denzin (Ed.), *Sociological methods: A sourcebook.* New York: McGraw-Hill.

Denzin, N. K., & Lincoln, Y. S. (Eds.). (1994). *Handbook of qualitative research.* Thousand Oaks, CA: Sage.

Derthick, M. (1972). *New towns in-town: Why a federal program failed.* Washington, DC: The Urban Institute.

Drucker, P. F. (1986). The changed world economy. In P. F. Drucker (Ed.), *The frontiers of management* (pp. 21-49). New York: Dutton.

Eckstein, H. (1975). Case study and theory in political science. In F. I. Greenstein & N. W. Polsby (Eds.), *Strategies of inquiry* (pp. 79-137). Reading, MA: Addison-Wesley.

Eisenhardt, K. M. (1989). Building theories from case study research. *Academy of Management Review, 14*(4), 532-550.

Elmore, R. F., Abelmann, C. H., & Fuhrman, S. H. (1997). The new accountability in state education reform: From process to performance. In H. F. Ladd (Ed.), *Holding schools accountable* (pp. 65-98). Washington, DC: Brookings Institution.

Feagin, J. R., Orum, A. M., & Sjoberg, G. (Eds.). (1991). *A case for the case study.* Chapel Hill: University of North Carolina Press.

Fetterman, D. (1989). *Ethnography: Step by step.* Newbury Park, CA: Sage.

Fiedler, J. (1978). *Field research: A manual for logistics and management of scientific studies in natural settings.* San Francisco: Jossey-Bass.

Fielding, N. G., & Lee, R. M. (1998). *Computer analysis and qualitative research.* Thousand Oaks, CA: Sage.

Flippen, C. (2001). Neighborhood transition and social organization: The White to Hispanic case. *Social Problems, 48,* 299-321.

Fowler, F. J., Jr. (1988). *Survey research methods* (Rev. ed.). Newbury Park, CA: Sage.

Friesema, P., et al. (1979). *Aftermath: Communities after natural disasters.* Beverly Hills, CA: Sage.

Gahan, C., & Hannibal, M. (1999). *Doing qualitative research using QSR NUD·IST.* Thousand Oaks, CA: Sage.

Gans, H. J. (1962). *The urban villagers: Group and class in the life of Italian-Americans.* New York: Free Press.

George, A. L. (1979). Case studies and theory development: The method of structured, focused comparison. In P. G. Lauren (Ed.), *Diplomacy: New approaches in history, theory, and policy* (pp. 43-68). New York: Free Press.

Ghauri, P., & Grønhaug, K. (2002). *Research methods in business studies: A practical guide.* Harlow, England: Pearson Education.

Gilgun, J. F. (1994). A case for case studies in social work research. *Social Work, 39,* 371-380.

Glaser, B., & Strauss, A. (1967). *The discovery of grounded theory: Strategies for qualitative research.* Chicago: Aldine.

Gottschalk, L. (1968). *Understanding history: A primer of historical method.* New York: Knopf.

Gross, N., et al. (1971). *Implementing organizational innovations.* New York: Basic Books.

Guba, E. G., & Lincoln, Y. S. (1981). *Effective evaluation.* San Francisco: Jossey-Bass.

Guba, E. G., & Lincoln, Y. S. (1989). *Fourth generation evaluation.* Newbury Park, CA: Sage.

Hamel, J. (Ed.). (1992, Spring). The case study method in sociology [Whole issue]. *Current Sociology, 40.*

Hammond, P. E. (1968). *Sociologists at work: Essays on the craft of social research.* Garden City, NY: Doubleday.

Hanna, K. S. (2000). The paradox of participation and the hidden role of information. *Journal of the American Planning Association, 66,* 398-410.

Hedrick, T., Bickman, L., & Rog, D. J. (1993). *Applied research design.* Newbury Park, CA: Sage.

Herriott, R. E., & Firestone, W. A. (1983). Multisite qualitative policy research: Optimizing description and generalizability. *Educational Researcher, 12,* 14-19.

Hersen, M., & Barlow, D. H. (1976). *Single-case experimental designs: Strategies for studying behavior.* New York: Pergamon.

Hoaglin, D. C., Light, R. J., McPeek, B., Mosteller, F., & Stoto, M. A. (1982). *Data for decisions: Information strategies for policymakers.* Cambridge, MA: Abt Books.

Hooks, G. (1990). The rise of the Pentagon and U.S. state building: The defense program as industrial policy. *American Journal of Sociology, 96,* 358-404.

Jacob, E. (1987). Qualitative research traditions: A review. *Review of Educational Research, 57,* 1-50.

Jacob, E. (1989). Qualitative research: A defense of traditions. *Review of Educational Research, 59,* 229-235.

Jacobs, G. (Ed.). (1970). *The participant observer: Encounters with social reality.* New York: Braziller.

Jacobs, J. (1961). *The death and life of great American cities.* New York: Random House.

Jacobs, R. N. (1996). Civil society and crisis: Culture, discourse, and the Rodney King beating. *American Journal of Sociology, 101,* 1238-1272.

Jorgensen, D. (1989). *Participant observation: A methodology for human studies.* Newbury Park, CA: Sage.

Kaufman, H. (1981). *The administrative behavior of federal bureau chiefs.* Washington, DC: Brookings Institution.

Keating, W. D., & Krumholz, N. (Eds.). (1999). *Rebuilding urban neighborhoods: Achievements, opportunities, and limits.* Thousand Oaks, CA: Sage.

Kelling, G. L., & Coles, C. M. (1997). *Fixing broken windows: Restoring order and reducing crime in our communities.* New York: Simon & Schuster.

Kennedy, M. M. (1976). Generalizing from single case studies. *Evaluation Quarterly, 3,* 661-678.

Kidder, L. (1981). Qualitative research and quasi-experimental frameworks. In M. Brewer et al. (Eds.), *Scientific inquiry and the social sciences* (pp. 227-256). San Francisco: Jossey-Bass.

Kidder, L., & Judd, C. M. (1986). *Research methods in social relations* (5th ed.). New York: Holt, Rinehart & Winston.

Kidder, T. (1981). *The soul of a new machine.* Boston: Little, Brown.

Kratochwill, T. R. (1978). *Single subject research.* New York: Academic Press.

Larsen, J. (1982). *Use of knowledge in mental health services.* Palo Alto, CA: American Institutes for Research.

Latané, B., & Darley, J. M. (1969). Bystander apathy. *American Behavioral Scientist, 57,* 244-268.

Lavrakas, P. J. (1987). *Telephone survey methods.* Newbury Park, CA: Sage.

Liebow, E. (1967). *Tally's corner.* Boston: Little, Brown.

Lijphart, A. (1975). The comparable-cases strategy in comparative research. *Comparative Political Studies, 8,* 158-177.

Lincoln, Y. S. (1991). The arts and sciences of program evaluation. *Evaluation Practice, 12,* 1-7.

Lincoln, Y. S., & Guba, E. G. (1985). But is it rigorous? Trustworthiness and authenticity in naturalistic evaluation. In D. D. Williams (Ed.), *Naturalistic evaluation.* San Francisco: Jossey-Bass.

Lincoln, Y. S., & Guba, E. G. (1986). *Naturalistic inquiry.* Newbury Park, CA: Sage.

Lipset, S. M., Trow, M., & Coleman, J. (1956). *Union democracy: The inside politics of the International Typographical Union.* New York: Free Press.

Lipsey, M. W. (1992). Meta-analysis in evaluation research: Moving from description to explanation. In H. T. Chen & P. Rossi (Eds.), *Using theory to improve program and policy evaluations* (pp. 229-241). New York: Greenwood.

Llewellyn, K. N. (1948). Case method. In E. Seligman & A. Johnson (Eds.), *Encyclopedia of the social sciences.* New York: Macmillan.

Lynd, R. S., & Lynd, H. M. (1929). *Middletown: A study in modern American culture.* New York: Harcourt Brace Jovanovich.

Magaziner, I. C., & Patinkin, M. (1989). *The silent war: Inside the global business battles shaping America's future.* New York: Random House.

Markus, M. L. (1983). Power, politics, and MIS implementation. *Communications of the ACM, 26,* 430-444.

Marshall, C., & Rossman, G. B. (1989). *Designing qualitative research.* Newbury Park, CA: Sage.

McAdams, D. R. (2000). *Fighting to save our urban schools . . . and winning! Lessons from Houston.* New York: Teachers College Press.

McClintock, C. (1985). Process sampling: A method for case study research on administrative behavior. *Educational Administration Quarterly, 21,* 205-222.

Merton, R. K., Fiske, M., & Kendall, P. L. (1990). *The focused interview: A manual of problems and procedures* (2nd ed.). New York: Free Press.

Miles, M. B., & Huberman, A. M. (1994). *Qualitative data analysis: An expanded sourcebook.* Thousand Oaks, CA: Sage.

Moore, B., Jr. (1966). *Social origins of dictatorship and democracy: Lord and peasant in the making of the modern world.* Boston: Beacon.

Morris, L. L., Fitz-Gibbon, C. T., & Freeman, M. E. (1987). *How to communicate evaluation findings.* Beverly Hills, CA: Sage.

Mosteller, F., & Wallace, D. L. (1984). *Applied Bayesian and classical inference: The case of "The Federalist" papers* (2nd ed.). New York: Springer Verlag.

Murphy, J. T. (1980). *Getting the facts: A fieldwork guide for evaluators and policy analysts.* Santa Monica, CA: Goodyear.

Nachmias, D., & Nachmias, C. (1992). *Research methods in the social sciences.* New York: St. Martin's.

Naumes, W., & Naumes, M. J. (1999). *The art & craft of case writing.* Thousand Oaks, CA: Sage.

Neuman, S. B., & Celano, D. (2001). Access to print in low-income and middle-income communities: An ecological study of four neighborhoods. *Reading Research Quarterly, 36,* 8-26.

Neustadt, R. E., & Fineberg, H. (1983). *The epidemic that never was: Policy-making and the swine flu affair.* New York: Vintage.

Patton, M. Q. (1987). *How to use qualitative methods in evaluation.* Newbury Park, CA: Sage.

Patton, M. Q. (1990). *Qualitative evaluation and research methods* (2nd ed.). Thousand Oaks, CA: Sage.

Pelz, D. C. (1981). *Use of innovation in innovating processes by local governments.* Ann Arbor: University of Michigan, CRUSK, Institute for Social Research.

Perry, J. M., & Kraemer, K. L. (1986). Research methodology in the public administration review. *Public Administration Review, 46,* 215-226.

Peters, T. J., & Waterman, R. H., Jr. (1982). *In search of excellence.* New York: Harper & Row.

Peterson, K. A., & Bickman, L. (1992). Using program theory in quality assessments of children's mental health services. In H. T. Chen & P. Rossi (Eds.), *Using theory to improve program and policy evaluations* (pp. 165-176). New York: Greenwood.

Philliber, S. G., Schwab, M. R., & Samsloss, G. (1980). *Social research: Guides to a decision-making process.* Itasca, IL: Peacock.

Platt, J. (1992a). "Case study" in American methodological thought. *Current Sociology, 40,* 17-48.

Platt, J. (1992b). Cases of cases . . . of cases. In C. C. Ragin & H. S. Becker (Eds.), *What is a case? Exploring the foundations of social inquiry* (pp. 21-52). New York: Cambridge University Press.

Pressman, J. L., & Wildavsky, A. (1973). *Implementation: How great expectations in Washington are dashed in Oakland.* Berkeley: University of California Press.

Raizen, S. A., & Britton, E. D. (Eds.). (1997). *Bold ventures* (3 vols.). Dordrecht, The Netherlands: Kluwer Academic.

Redman, E. (1973). *The dance of legislation.* New York: Simon & Schuster.

Rog, D. J., & Huebner, R. B. (1992). Using research and theory in developing innovative programs for homeless individuals. In H. T. Chen & P. Rossi (Eds.), *Using theory to improve program and policy evaluations* (pp. 129-144). New York: Greenwood.

Rosenbaum, D. P. (Ed.). (1986). *Community crime prevention: Does it work?* Thousand Oaks, CA: Sage.

Rosenthal, R. (1966). *Experimenter effects in behavioral research.* New York: Appleton-Century-Crofts.

Rubin, A., & Babbie, E. (1993). *Research methods for social work.* Pacific Grove, CA: Brooks/Cole.

Rubin, H. J., & Rubin, I. S. (1995). *Qualitative interviewing: The art of hearing data.* Thousand Oaks, CA: Sage.

Schatzman, L., & Strauss, A. (1973). *Field research.* Englewood Cliffs, NJ: Prentice Hall.

Schorr, L. B. (1997). *Common purpose: Strengthening families and neighborhoods to rebuild*

America. New York: Anchor.

Schramm, W. (1971, December). *Notes on case studies of instructional media projects.* Working paper for the Academy for Educational Development, Washington, DC.

Sechrest, L. (1991, October-November). *Roots: Back to our first generations.* Presidential remarks at the annual meeting of the American Evaluation Association, Chicago.

Selznick, P. (1980). *TVA and the grass roots: A study of politics and organization.* Berkeley: University of California Press. (Original work published 1949)

Shavelson, R., & Townes, L. (Eds.). (2002). *Scientific research in education.* Washington, DC: National Academy Press.

Sidowski, J. B. (Ed.). (1966). *Experimental methods and instrumentation in psychology.* New York: Holt, Rinehart & Winston.

Sieber, S. D. (1973). The integration of fieldwork and survey methods. *American Journal of Sociology, 78,* 1335-1359.

Silverman, D. (2000). *Doing qualitative research: A practical handbook.* Thousand Oaks, CA: Sage.

Smith, J. K., & Heshusius, L. (1986). Closing down the conversation: The end of the quantitative-qualitative debate among educational inquirers. *Educational Researcher, 15,* 4-12.

Smith, N. L. (1990). Cautions on the use of investigative case studies in meta-evaluation. *Evaluation and Program Planning, 13*(4), 373-378.

Spilerman, S. (1971). The causes of racial disturbances: Tests of an explanation. *American Sociological Review, 36,* 427-442.

Stake, R. E. (1983). The case study method in social inquiry. In G. F. Madaus, M. S. Scriven, & D. L. Stufflebeam (Eds.), *Evaluation models* (pp. 279-286). Boston: Kluwer-Nijhoff.

Stake, R. E. (1986). *Quieting reform: Social science and social action in an urban youth program.* Urbana: University of Illinois Press.

Stake, R. E. (1994). Case studies. In N. K. Denzin & Y. S. Lincoln (Eds.), *Handbook of qualitative research* (pp. 236-247). Thousand Oaks, CA: Sage.

Standerfer, N. R., & Rider, J. (1983). The politics of automating a planning office. *Planning, 49,* 18-21.

Stein, H. (1952). Case method and the analysis of public administration. In H. Stein (Ed.), *Public administration and policy development* (pp. xx-xxx). New York: Harcourt Brace Jovanovich.

Stoecker, R. (1991). Evaluating and rethinking the case study. *The Sociological Review, 39,* 88-112.

Strauss, A., & Corbin, J. (1998). *Basics of qualitative research: Techniques and procedures for developing grounded theory* (2nd ed.). Thousand Oaks, CA: Sage.

Sudman, S., & Bradburn, N. M. (1982). *Asking questions: A practical guide to questionnaire design.* San Francisco: Jossey-Bass.

Sutton, R. I., & Staw, B. M. (1995). What theory is *not. Administrative Science Quarterly, 40,* 371-384.

Szanton, P. (1981). *Not well advised.* New York: Russell Sage Foundation and The Ford Foundation.

Towl, A. R. (1969). *To study administrations by cases.* Boston: Harvard University Business School.

Trochim, W. (1989). Outcome pattern matching and program theory. *Evaluation and Program Planning, 12,* 355-366.

U.S. General Accounting Office, Program Evaluation and Methodology Division. (1990). *Case study evaluations.* Washington, DC: Government Printing Office.

U.S. National Commission on Neighborhoods. (1979). *People, building neighborhoods.* Washington, DC: Government Printing Office.

U.S. Office of Technology Assessment. (1980-1981). *The implications of cost-effectiveness analysis of medical technology: Case studies of medical technologies.* Washington, DC: Government Printing Office.

Van Maanen, J. (1988). *Tales of the field: On writing ethnography.* Chicago: University of Chicago Press.

Van Maanen, J., Dabbs, J. M., Jr., & Faulkner, R. R. (1982). *Varieties of qualitative research.* Beverly Hills, CA: Sage.

Wax, R. (1971). *Doing field work.* Chicago: University of Chicago Press.

Webb, E., Campbell, D. T., Schwartz, R. D., Sechrest, L., & Grove, J. B. (1981). *Nonreactive measures in the social sciences* (2nd ed.). Boston: Houghton Mifflin.

Wholey, J. (1979). *Evaluation: Performance and promise.* Washington, DC: The Urban Institute.

Whyte, W. F. (1955). *Street corner society: The social structure of an Italian slum.* Chicago: University of Chicago Press. (Original work published 1943)

Wilford, J. N. (1992). *The mysterious history of Columbus.* New York: Vintage.

Windsor, D., & Greanias, G. (1983). The public policy and management program for case/course development. *Public Administration Review, 26,* 370-378.

Wolcott, H. F. (1990). *Writing up qualitative research.* Newbury Park, CA: Sage.

Yin, R. K. (1970). Face recognition by brain-injured patients: A dissociable ability? *Neuropsychologia, 8,* 395-402.

Yin, R. K. (1978). Face perception: A review of experiments with infants, normal adults, and brain-injured persons. In R. Held, H. W. Leibowitz, & H.-L. Teuber (Eds.), *Handbook of sensory physiology: Vol. 8. Perception* (pp. 593-608). New York: Springer-Verlag.

Yin, R. K. (1979). *Changing urban bureaucracies: How new practices become routinized.* Lexington, MA: Lexington Books.

Yin, R. K. (1980). Creeping federalism: The federal impact on the structure and function of local government. In N. J. Glickman (Ed.), *The urban impacts of federal policies* (pp. 595-618). Baltimore: Johns Hopkins University Press.

Yin, R. K. (1981a). The case study as a serious research strategy. *Knowledge: Creation, Diffusion, Utilization, 3,* 97-114.

Yin, R. K. (1981b). The case study crisis: Some answers. *Administrative Science Quarterly, 26,* 58-65.

Yin, R. K. (1981c). Life histories of innovations: How new practices become routinized. *Public Administration Review, 41,* 21-28.

Yin, R. K. (1982a). *Conserving America's neighborhoods.* New York: Plenum.

Yin, R. K. (1982b). Studying the implementation of public programs. In W. Williams et al. (Eds.), *Studying implementation: Methodological and administrative issues* (pp. 36-72). Chatham, NJ: Chatham House.

Yin, R. K. (1982c). Studying phenomenon and context across sites. *American Behavioral Scientist, 26,* 84-100.

Yin, R. K. (1986). Community crime prevention: A synthesis of eleven evaluations. In D. P. Rosenbaum (Ed.), *Community crime prevention: Does it work?* (pp. 294-308). Thousand Oaks, CA: Sage.

Yin, R. K. (1994a). Discovering the future of the case study method in evaluation research. *Evaluation Practice, 15,* 283-290.

Yin, R. K. (1994b). Evaluation: A singular craft. In C. Reichardt & S. Rallis (Eds.), *New directions in program evaluation* (pp. 71-84). San Francisco: Jossey-Bass.

Yin, R. K. (1997, Winter). Case study evaluations: A decade of progress? *New Directions for Evaluation, 76,* 69-78.

Yin, R. K. (1999). Enhancing the quality of case studies in health services research. *Health Services Research, 34,* 1209-1224.

Yin, R. K. (2000). Rival explanations as an alternative to "reforms as experiments." In L. Bickman (Ed.), *Validity & social experimentation: Donald Campbell's legacy* (pp. 239-266). Thousand Oaks, CA: Sage.

Yin, R. K. (2003). *Applications of case study research* (2nd ed.). Thousand Oaks, CA: Sage.

Yin, R. K., & Oldsman, E. (1995). *Logic model for evaluating changes in manufacturing firms.* Unpublished paper prepared for the National Institute of Standards and Technology, U.S. Department of Commerce, Gaithersburg, MD.

Zigler, E., & Muenchow, S. (1992). *Head Start: The inside story of America's most successful educational experiment.* New York: Basic Books.

國家圖書館出版品預行編目資料

個案研究：設計與方法／Robert K. Yin
著；周海濤，李永賢，張蘅譯. -- 二
版. -- 臺北市：五南圖書出版股份有
限公司, 2023.04
　　面；　公分
譯自：Case study research : design
　　　and methods, 3rd.
ISBN 978-626-343-990-0（平裝）

1.CST: 個案研究

540.13　　　　　　　　112004388

1H43

個案研究—設計與方法

作　　　者 —	Robert K. Yin
譯　　　者 —	周海濤、李永賢、張蘅
校　　　訂 —	楊雪倫
發 行 人 —	楊榮川
總 經 理 —	楊士清
總 編 輯 —	楊秀麗
主　　　編 —	侯家嵐
責任編輯 —	侯家嵐、唐坤慧
封面設計 —	盧盈良

出 版 者 — 五南圖書出版股份有限公司
地　　　址：106台北市大安區和平東路二段339號4樓
電　　　話：(02)2705-5066　　傳　　真：(02)2706-6100
網　　　址：https://www.wunan.com.tw
電子郵件：wunan@wunan.com.tw
劃撥帳號：01068953
戶　　　名：五南圖書出版股份有限公司

法律顧問　林勝安律師

出版日期　2009年11月初版一刷（共八刷）
　　　　　2023年4月二版一刷
　　　　　2024年2月二版二刷

定　　價　新臺幣300元

經典永恆·名著常在

五十週年的獻禮——經典名著文庫

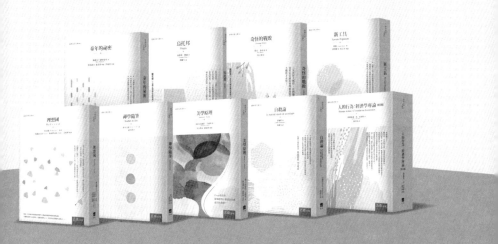

五南，五十年了，半個世紀，人生旅程的一大半，走過來了。

思索著，邁向百年的未來歷程，能為知識界、文化學術界作些什麼？

在速食文化的生態下，有什麼值得讓人雋永品味的？

歷代經典·當今名著，經過時間的洗禮，千錘百鍊，流傳至今，光芒耀人；

不僅使我們能領悟前人的智慧，同時也增深加廣我們思考的深度與視野。

我們決心投入巨資，有計畫的系統梳選，成立「經典名著文庫」，

希望收入古今中外思想性的、充滿睿智與獨見的經典、名著。

這是一項理想性的、永續性的巨大出版工程。

不在意讀者的眾寡，只考慮它的學術價值，力求完整展現先哲思想的軌跡；

為知識界開啟一片智慧之窗，營造一座百花綻放的世界文明公園，

任君遨遊、取菁吸蜜、嘉惠學子！